W0298852

El divorcio que nos une

El divorcio que nos une

Eva Bach Cobacho
y Cecilia Martí Valverde

Prólogo de Joan Garriga

Plataforma
Editorial

Primera edición en esta colección: agosto de 2023

Plataforma Editorial
c/ Muntaner, 269, entlo. 1.ª – 08021 Barcelona
Tel.: (+34) 93 494 79 99
www.plataformaeditorial.com
info@plataformaeditorial.com

Depósito legal: B 12502-2023
ISBN: 978-84-19655-52-3
IBIC: VFVS
Printed in Spain – Impreso en España

Diseño de cubierta:
Pablo Nanclares

Realización de cubierta y fotocomposición:
Grafime Digital S. L.

El papel que se ha utilizado para imprimir este libro proviene
de explotaciones forestales controladas, donde se respetan
los valores ecológicos, sociales y el desarrollo sostenible del bosque.

Impresión:
Romanyà Valls
Capellades (Barcelona)

A Jordi y a nuestros dos queridos hijos,
Marc y Adrià (y a Mercè y Tjitske).

A Sabina e Imma y a sus padres
(y a Francesc y David).

Por «los divorcios que nos unen».

EVA

A mis dos hijas: Begoña, por pasar la vida,
y Alicia, por su amor.
Y a sus parejas, Quique y Salva.

CECILIA

Índice

Prólogo

Aun a riesgo de parecer aclamador en exceso, iniciaré el prólogo a este libro compartiendo el sentimiento exacto que experimenté al final de su lectura. Sentí un impulso fervoroso y espontáneo de aplaudir. Algo similar a lo que experimentamos después de disfrutar de una pieza musical o teatral, o tras leer un bello poema que nos toca. Entonces quisiéramos abrazar y agradecer a su autor y a sus intérpretes por lo que hemos experimentado, por lo que nos han ofrecido, por los caminos que abren y por la sabiduría y esperanza que destilan. Este deseo viene del sentimiento de forma natural y llega como fruto de la ternura, la vibración, la sencillez y la conmoción que transmiten. Como si se tratara de una sencilla obra de arte, en este libro se alumbran los terrenos del amor y el desamor en las parejas, así como los pasos y los tránsitos necesarios para preservar la dignidad, la paz y la dicha de mujeres y hombres, padres e hijos, cuando enfrentan dolorosos desencuentros o enfilan el siempre difícil camino de la separación y el divorcio.

Mal podría decir que pertenezco al club de los bien separados al que aluden las autoras en algún momento de su intercambio epistolar. Por dos veces me ha tocado enfrentar en mi vida personal los tremendos retos emocionales y vitales del divorcio. Además, en mi ejercicio profesional de la psicoterapia y la ayuda, en múltiples talleres orientados a las parejas, muchas de ellas me han confiado la posibilidad de intervenir y trabajar para encauzar su amor y seguir caminando en sus tránsitos más felices y en sus quiebres más turbulentos. A veces juntos, a veces por caminos divergentes. Puedo decir muy alto y claro que generalmente una separación duele, y mucho; que en las esquinas menos pensadas de nuestro interior encontramos un montón de sentimientos que se convierten en huéspedes durante un tiempo. Y a cada uno de ellos hay que tratarlo y cuidarlo con la atención debida, con los ungüentos que lentamente lo liberan: las vergüenzas y las culpas, ya se trate de culpar o de culparse, por lo que se hizo o no se hizo. Los resentimientos que vienen de la impotencia en manejar nuestras heridas. Los enfados y las rabias que siguen al amor frustrado. Las penas y el dolor cuando nos rendimos a la realidad de que algo terminó. La ternura por los recuerdos, los destellos y deseos amorosos que perduran cuando el otro ya no está, la añoranza de los cuerpos, la soledad, el temor, etc. Desde luego que cada separación, y cada hombre y mujer que se separa, tiene su singularidad, pero nada los exime de enfrentar sus intensos sentimientos. Luego, despacio, como huéspedes que quedaron complacidos, los sentimientos empiezan a perder intensidad y se van. Solo entonces la alegría empieza a regresar y el horizonte se abre hacia el futuro y lo venidero. Pero lo venidero se sostiene en lo anterior, y así como se edifica mal sobre escombros, también en lo afectivo integrar una separación es crucial para el próximo proyecto amoroso.

Sin duda el dolor es el sentimiento más difícil, el que evitamos con más ahínco, pero también es el más liberador cuando lo permitimos, cuando nos rendimos a él, cuando le hacemos espacio y lo convertimos en huésped de honor; entonces lentamente va remitiendo, y como es el pariente más cercano del amor, la entrega al dolor permite que el amor pueda seguir fluyendo, y donde hay amor no hay extravío ni sufrimiento innecesario ni violencia absurda ni locura vana. De manera que la vía para encarar las separaciones tiene una meta: restaurar el amor y el reconocimiento de lo amado en su momento y de lo que fue posible, aunque la relación se haya terminado, aunque los caminos queden ya lejos.

Y en el camino uno aprende, en especial de lo que en su momento fue tan doloroso y quebrantador. Por ejemplo, uno aprende que todo cambia, que cada día trae su nueva tarea, que siempre acaba saliendo la luz, que en los descalabros descubrimos la fuerza oculta en cada uno, que del caos emerge un nuevo orden, que los hijos se fortalecen con las dificultades. También, que no hay buenos ni malos sino personas viviendo en la zona deliciosa y, a la par, peligrosa del amor, deseosos de apego y pertenencia, anhelantes del otro, cautos frente a las heridas, mamíferos delicados pero también almas generosas. Todos con una inmensa fragilidad y grandeza de corazón.

Aunque conozco y aprecio mucho a las autoras y me sé

de buena mano su repertorio de talentos y capacidades, que incluyen humanidad, sentido común, frescura, valentía, sabiduría y profundidad, sí confieso que al iniciar la lectura me asaltó el temor de que el libro no se decantara un poco hacia un decálogo dogmático sobre el bien separarse. Temí que fuera algo aleccionador, con instrucciones bien intencionadas en lo ideológico pero de difícil cumplimiento en la experiencia real de las personas. De eso nada, pero nada de nada, y pido perdón a las autoras por mis propios estúpidos fantasmas. Lo cierto es que uno se enamora más y más del libro a medida que avanza su lectura porque en cada paso puede ver reflejado aquello que lo tocó en su separación y cómo las autoras lo orientan con la esperanza y el realismo necesarios para que la reconciliación, la dignidad y el amor para todos salgan reforzados. Lo hacen sin paliativos y sin artificios. Pura naturalidad. Sin prejuicios y con estricta naturalidad reparten claras enseñanzas sobre el arte de transitar los procesos emocionales del divorciarse para que ambos miembros de la pareja y también los hijos salgan fortalecidos. Y esto no es la inteligencia emocional en boga, es mucho más, es arte emocional en mayúsculas, o cuando menos, preciosa artesanía de los sentimientos.

Creo que este es un libro necesario, y si estuviera en mis manos manejar los hilos de los libros que merecen tener popularidad por su contenido y orientación, sin duda El divorcio que nos une sería de obligada lectura para todos aquellos que encaran el vía crucis de su separación, para que tenga de tormentosa el mínimo necesario y de constructiva el máximo exigible. Y es que, así como es prácticamente imposible separarse sin emociones encontradas y desencuentros dolorosos e hirientes, ojalá se volviera inevitable hacer el tránsito hacia la paz y la cooperación como meta de toda separación, para el bien de todos, incluyendo a los hijos. En un tono fresco, desenfadado, coloquial y tierno, las autoras muestran que el amor en las parejas y el odio y el miedo que vienen de su frustración y de las separaciones pueden ser encauzados a través de comprensiones y perspectivas que lo hacen más fácil y llevadero. Muestran cómo el bienestar en mayúsculas no viene de asentarse en el victimismo y el resentimiento de lo que sucedió y dolió, sino de integrar todo lo que la vida nos ha traído, por dolorosa que sea, en beneficio nuestro y de la vida misma.

En nuestra cultura se acabaron los tiempos de la pareja para toda la vida. Hoy algunos autores hablan de la «monogamia secuencial». Esto significa que estadísticamente nos cabe esperar que a lo largo de una vida tengamos entre dos, tres y cuatro parejas estables. Imaginemos el escenario de libertad en el que vivimos para orientar nuestro mundo afectivo de la manera que deseamos, pero también el precio en estrés emocional que debemos pagar, lo cual nos incita a un desarrollo especial para integrar vínculos anteriores y actuales, para unir pasado con presente. Es por tanto esencial estar orientados en la jungla del nuevo amor y de las nuevas familias.

Pero ¿por qué se separan las parejas? Desde luego que no por falta de amor, por lo menos en su mayoría, sino más bien por falta de capacidad para gestionar el amor en la dirección del bienestar y del crecimiento. Es una bendición cuando en la pareja uno más uno da como resultante más que dos. Entonces la pareja fluye con facilidad y se acompaña en un proyecto vital gozoso. Otras veces, por desgracia, uno más uno es bastante menos que dos. Entonces la pareja se desvitaliza y su intercambio no provee nutrición ni desarrollo y entran en la zona peligrosa.

Las autoras han conseguido integrar aspectos pertenecientes a distintas corrientes dentro del ámbito de la psicología humanista, como son por ejemplo el análisis transaccional, la Gestalt, la bioenergética y la terapia familiar sistémica, entre otras, y han bebido de fuentes y autores tan diversos como Rogers, Berne, Steiner, Perls, Lowen, Bowlby, Watzlawick y Cyrulnik, por citar algunos de los más significativos. En el libro se nota que han sido contagiadas también por algunas de las ideas de Bert Hellinger y el trabajo de las constelaciones familiares sistémicas.

La principal de estas ideas es la de que el amor crece en la dirección del bienestar cuando se toma en consideración el Orden, de manera que habría unos Órdenes del amor que, al cumplirse, hacen que las personas se sientan bien, tanto en las relaciones entre padres e hijos como en las relaciones de pareja. Por ejemplo, todo es más fácil cuando los miembros de la pareja tomaron y sintonizaron con lo que recibieron de sus padres, porque, si no, activan demandas excesivas con la pareja que a esta no le corresponde atender y caen fácilmente en la frustración. Dicho en llano: la pareja no es una relación materno-filial sino una relación entre adultos. También ayuda saber que los hijos aman a ambos padres y que, incluso en el caso de un divorcio, no pueden elegir ni tomar partido. En el hijo los padres permanecen juntos aunque los padres se separen. No es mi intención extenderme más allá de dejar constancia de cómo el libro despliega sus comprensiones de los Órdenes del Amor para que el bienestar sea el estado natural al que miramos. Para ello se deben cuestionar las posiciones existenciales edificadas en el malestar y el «sufrimientismo», que por desgracia gozan de la siniestra especialización de hacer sufrir a los demás.

Ojalá que durante la lectura del libro nos dejemos orientar por una comprensión mayor a la común, elemental e infantil, que divide el mundo entre buenos y malos. Que sepamos ver el amor oculto y la dignidad humana en todos y cada uno, y muy especialmente en nosotros mismos y en aquellos que durante un tiempo parecieron nuestros enemigos, como por ejemplo nuestras parejas durante las discordias y tensiones del divorcio, máxime cuando en su momento vivimos con ellos o ellas las altas planicies de la confianza y la pertenencia plena.

Enhorabuena, queridas Eva y Cecilia, y gracias.

JOAN GARRIGA,
director del Institut Gestalt.
Marzo 2007- junio 2023

Introducción. «¿Dónde puedo encontrar vuestro libro?»

Comenzamos a escribir la primera edición de este libro en el verano de 2003 en Barcelona. Apenas un año después, cuando teníamos ya perfilados los cuatro capítulos de los que iba a constar y redactada buena parte del contenido, decidimos dejarlo indefinidamente en suspenso.

Habíamos escrito un dramón, un alegato romántico, justiciero y lacrimógeno, que victimizaba y sobreprotegía a hijos e hijas y acusaba y censuraba a madres y padres. Con toda probabilidad, esto no iba a ayudar realmente a nadie a afrontar de un modo saludable una separación.

Tuvieron que pasar tres años hasta que recuperamos nuevamente este proyecto, con un nuevo planteamiento más atrevido y más políticamente incorrecto que el anterior. Puede que algunas personas que hubieran celebrado el primero, lamentaran que no hubiéramos tenido un segundo momento de lucidez y no hubiéramos interrumpido también este. Si no corrió la misma suerte es porque esta vez sí que nos sentíamos identificadas y a gusto con el tono y la forma que finalmente le habíamos dado.

El libro salió a la venta en 2007 y tardó poco en hacerse

la segunda edición y en convertirse en un referente y una herramienta útil para una ruptura de pareja saludable. Sin embargo, unos años después de su publicación, la editorial CEAC decidió descatalogarlo y, desde entonces, han sido muchas las personas que han contactado con nosotras para preguntarnos dónde podían conseguirlo. Desde hace ya un tiempo, y con gran pena por nuestra parte, hemos tenido que decirles que era casi misión imposible hacerse con un ejemplar, salvo en casos muy puntuales de algunas bibliotecas que lo tienen.

La idea de retomar este tema la teníamos en mente desde hacía bastante, pero hasta abril de 2022, cuando hemos recuperado los derechos del libro, no hemos podido materializarla. Esta nueva reedición ha sido posible gracias a una serie de sincronicidades casi mágicas y a tres personas queridas que la propiciaron. Por un lado, Angélica Olvera y Alfonso Malpica (DEP), que se decidieron a crear en su Universidad CUDEC de México «el club de los bien separados» y, por otro, Jordi Nadal, que nos encargó el libro cuando estaba de director/editor en CEAC y ahora nos lo reedita en Plataforma, su editorial y la nuestra.

Quince años después, nos sentimos felices e ilusionadas de poder ofreceros, por fin, esta nueva versión revisada y actualizada. Mantenemos el formato de cartas intimistas entre nosotras y hemos cambiado los nombres ficticios de las protagonistas por los nuestros propios, como hicimos en 2013 en nuestro otro libro conjunto *Por amor a mi familia*, también publicado en Plataforma y escrito en modalidad epistolar.

Las autoras somos primas segundas y hemos optado por dicha modalidad en homenaje a las cartas que han sido una hermosa tradición a lo largo de varias generaciones de nuestra familia, y que han ido y venido, durante años, de Murcia y Elche a Cataluña, y viceversa.

Añadimos, a la versión original, once cartas más, una serie de reflexiones, consideraciones y aportaciones nuevas, y unos cuantos retoques y modificaciones, así como algunas vivencias en primera persona y las trayectorias y experiencias profesionales más amplias con que contamos en este momento.

Estrenamos también portada. Una portada exquisita, bella, elegante, delicada, esperanzadora, con un poder evocador y simbólico en plena sintonía con el contenido del libro, que celebramos y agradecemos inmensamente a Plataforma. Las letras del título simbolizan la biografía, las historias de vida, de amor y desamor; las hojas y tallos los vínculos y «alianzas» que vamos entretejiendo a partir de ellas, que quedan enzarzados en la propia historia y son perennes e imborrables; mientras que la flor encarna el alma que subyace en todo ello, así como el fruto resultante, que trasciende la propia historia y sigue expandiendo su belleza y su aroma más allá de ella, de su propia deriva y circunstancias.

Una imagen que no pone el acento en la ruptura sino en la transformación y en que lo bello que hubo persiste, en que puede y debe seguir su camino, y en que puede y debe seguir emergiendo, floreciendo y creciendo hacia el futuro.

Lo dejamos en vuestras manos, deseando de corazón que

aporte algo de luz y que sea un bálsamo para el alma en una situación que nunca es fácil o agradable, pero que no necesariamente tiene que ser dramática ni traumática.

EVA BACH COBACHO
CECILIA MARTÍ VALVERDE

¿A quién se dirige este libro?

Desde su primera edición en 2007, el contexto sociofamiliar ha variado bastante respecto al de entonces. Los nuevos modelos de familia no solo son unos cuantos más, sino que están bastante más extendidos. No obstante, esta nueva reedición sigue dirigiéndose a parejas que se separan, sean estas heterosexuales u homosexuales, a sus familias y entorno cercano, a psicoterapeutas, terapeutas, abogados/as, mediadoras/es, asistentes/as sociales, educadoras/es y cualquier profesión de ayuda que trate con separaciones o divorcios. También dedicamos algunas cartas a familias reconstituidas y a otros tipos de nuevas familias. No contemplamos las triejas y otras formas del poliamor, ni tampoco las relaciones abiertas o la anarquía relacional, aunque buena parte de lo que decimos es aplicable a cualquier tipo de relación significativa que toque a su fin.

En realidad, en cuanto a gestión emocional saludable se refiere, prácticamente todo lo que planteamos y sugerimos es válido también para otros tipos de ruptura fuera del ámbito familiar, como por ejemplo entre socios/as empresariales o entre amistades íntimas.

Así mismo, no hace falta haberse separado o querer separarse para leer este libro y que resulte de utilidad. De hecho, uno de los problemas con que nos encontramos es que algunos de los requisitos para un buen divorcio no los cumplen a veces ni las parejas que están juntas. Por eso también puede serles de utilidad a estas, como recurso preventivo y crecimiento personal.

Finalmente, hemos optado por un lenguaje lo más inclusivo posible, dado que en estos momentos está mucho más extendido que cuando escribimos la primera versión. Aunque existe cierta controversia al respecto, pensamos que en alguna medida está contribuyendo a visibilizar lo femenino y no nos sonaba bien hablar todo el tiempo de «los padres» y «los hijos» solamente. Sin embargo, en varias ocasiones hemos recurrido también a esta u otras formas parecidas para facilitar la lectura y que resulte más fluida. En las cartas de Eva, cuando relata experiencias personales relativas a su separación, habla siempre de «hijos» puesto que tiene dos hijos varones.

Os dejamos ya con nuestras cartas, deseando que su lectura os resulte grata e inspiradora, y que las saboreéis como una novela de amores y desamores, reales como la vida misma, que, a pesar de todos los pesares, tejen lazos profundos y hacen crecer bellas flores, como la que ilustra la portada.

Una apuesta por la esperanza

Queridísma Ceci:

Este libro comenzó con un SMS tuyo (menuda antigualla). Ahora seguramente habría sido un wasap, pero qué más da, porque por ambos medios es imposible abordar un tema con tanta miga y por eso decidimos hacerlo a través de nuestras queridas cartas.

Me consta que te sigue preocupando lo mismo que entonces: seguir viendo, casi a diario, a tantas parejas que se destrozan la vida y a tantos niños/as y adolescentes que, sin tener ninguna culpa, pagan los platos rotos de la separación de sus progenitores y manifiestan diversas problemáticas.

Me imagino que el día a día de la consulta puede llegar a ser bastante cansado y algo frustrante cuando se repite una vez tras otra la misma canción. Siempre os he admirado: terapeutas, psicoterapeutas, psiquiatras, trabajadores sociales y profesionales de la ayuda en general, que, a pesar de veros continuamente las caras con toda clase de problemas y dificultades, seguís conservando el optimismo y tendiendo manos a quienes se hallan en situaciones a veces desesperadas.

Para mí, como pedagoga y educadora, acaso resulte un poco más sencillo. La educación es el lugar natural de la esperanza, o al menos tendría que serlo, y en mis charlas y cursos puedo aliarme más fácilmente con ella puesto que no presencio tan directamente los dramas y enfrentamientos familiares. Mi tarea consiste en dejar caer pequeñas semillas que con el tiempo hagan florecer nuevas posibilidades y, quizá por esto, a menudo pienso que llegará un momento, en las rupturas de pareja, en el que la elegancia y la bondad de corazón dejarán de ser territorio reservado a unas pocas personas.

Confío plenamente en que serán cada vez más las exparejas que podrán entrar a formar parte del club de las «bien separadas». ¿Crees que las personas seguirían dándose golpes contra una pared si pudieran ver claramente que hay una puerta? ¿Y que seguirían haciéndose y haciendo tanto daño si se dieran cuenta de que hay otras salidas más dignas y reconfortantes? Quiero pensar que otra forma de entender y afrontar las separaciones es posible y me gustaría que fuéramos capaces de aportar algunas pistas para facilitarlo.

Lo hemos hablado muchas veces, hace falta una cultura distinta del divorcio, otra manera más saludable de vivir e interpretar las rupturas de pareja.

Mi apuesta, y sé que la tuya también, es una apuesta clara por la esperanza.

«Bien separadas» de verdad, conozco a cuatro

Mi querida Eva:

Cuando en 2007 publicamos por primera vez este libro, conocía exactamente a cuatro personas que pudiéramos considerar «bien separadas» de verdad. Cuatro. Ni una más ni una menos. Y veía a muchas en mi trabajo a diario. La gran mayoría estaban sencillamente a años luz de lo que podemos denominar una buena separación. Ahora podría decirte que conozco a alguna más: vamos a dejarlo en ocho.

Para separarse bien hacen falta humildad, valentía y gratitud, y esto en el momento de una separación muchas veces no se da. Lo más normal, cuando una pareja se separa, es que se culpen mutuamente, se desentiendan de su propia responsabilidad y, en lugar de agradecerse lo que han compartido y lo que se han dado hasta ese momento, se queden en el duelo y el reproche.

Seguimos estando bastante verdes aún en cuanto a la manera de afrontar las separaciones. Hay muy pocas reacciones verdaderamente maduras y equilibradas. Hoy por hoy, siguen siendo muchas las personas que no ven esa puerta y que no hallan la salida por ninguna parte. Algunas incluso parece que no quieran dejar de darse coscorrones. Siguen siendo bastantes, también, las que no se preguntan en qué habrán fallado ni acuden en busca de ayuda profesional, y si lo hacen es para ratificarse en su postura y que les confirmen lo que quieren oír: que la culpa es de la expareja.

Lo que te puedo asegurar es que toda separación es un duelo y no hay salida posible sin mirar de frente al dolor. Pero no todo el mundo tiene el coraje y el valor necesario para hacerlo y hay que respetarlo. Sin embargo, si al menos se es consciente de ello, ayuda a llevarlo mejor.

Algunas parejas vienen a la consulta con las mejores intenciones: «A ver si fuéramos capaces de entendernos». Quieren separarse bien. Pero acaban como tantas, ofuscadas por la rabia y con deseos de hacerle pagar al otro hasta la última gota del dolor que sienten.

A pesar de todo, yo también sigo manteniendo la esperanza. De no ser así, ya haría tiempo que habría tirado la toalla. No tendría ningún sentido seguir haciendo lo que hago ni confiaría tampoco en que estas cartas sirvan para algo.

Difícil un buen divorcio donde no ha habido un buen «matrimonio»

¿Sabes qué pienso, Cecilia? Que cuando se termina tan mal es porque no se ha empezado bien. Probablemente, la comunicación afectiva y emocional, el respeto mutuo, la buena sintonía, los pactos y acuerdos necesarios no se han dado o han empezado a fallar desde el principio.

¿Cómo van a hablar y a tratarse respetuosamente, en un momento de tanta agitación emocional, quienes apenas han logrado hacerlo a lo largo de los años que ha durado su vida en pareja? Si mientras convivían no han sido capaces de dedicarse una atención amorosa, considerar los sentimientos y necesidades ajenas, limar asperezas, mantener una comunicación fluida... ¿cómo podrán, en un momento tan delicado, tenerse en cuenta mutuamente y llegar a acuerdos coherentes?

Para separarse bien hace falta que haya existido un vínculo mínimamente saludable, que haya habido —y en algún lugar del alma siga habiendo— un cariño y reconocimiento mutuo, aunque en ese momento haya más rabia y dolor que otra cosa, y lo demás parezca no haber existido.

Me decía una vez un amigo, con cierta ironía, que separarse bien es imposible. Las únicas parejas que según él podrían conseguirlo son aquellas que se quieren y se respetan de verdad, y estas no se separan. Me parece una observación muy lúcida e ingeniosa, aunque solo la comparto en parte. Porque hay parejas que a pesar de que se quieren se separan, y parejas que aunque no sepan quererse muy bien sí logran separarse bien.

Una vez, en una entrevista, me preguntaron cuál era el secreto de una buena separación. Respondí que una de las claves principales es aparejarse deseando que dure para toda la vida, pero considerando la posibilidad de que tal vez algún día se termine. Y, si esto llegara a ocurrir, comprometernos desde ese mismo momento a llevarlo con el respeto y cariño con los que se empieza o se tendría que empezar la vida en común. Poco antes de casarnos, el padre de mis hijos me dijo que si algún día nos separábamos le gustaría que siguiéremos siendo amigos y tratándonos bien. En aquel entonces, yo no concebía esa posibilidad y me quedé bastante perpleja. Al cabo de catorce años nos separamos y con el tiempo me he dado cuenta de que aquellas palabras suyas no fueron para nada pájaro de mal agüero sino de gran ayuda para que hayamos logrado una separación sana y amorosa.

No hay futuro posible sin reconciliarnos con el pasado

No es poca cosa lo que te dijo el padre de tus hijos, nenica. Alguien podría pensar que con esas palabras programó y sentenció vuestra separación. Pero yo, que os conozco a ambos, pienso que lo que hizo en realidad fue establecer las bases para que, si alguna vez se producía una ruptura, fuera tan buena como lo era vuestra convivencia. Ahora me doy cuenta de que el buen querer no tiene tanto que ver con el hecho de que la pareja dure para siempre, como con la capacidad para mantener unos determinados valores incluso cuando esta se rompe.

Vosotros dos formabais parte de las cuatro parejas bien separadas que conocía cuando escribimos la primera versión de este libro. Por eso mantengo la esperanza de que separarse bien es posible. Otro requisito imprescindible para lograrlo es reencontrar el amor, los buenos propósitos, las afinidades y todo lo que hizo que sintiéramos que con esa persona íbamos a ser felices. Aunque parte de ello fuera inmaduro y ahora ya no tenga el mismo sentido ni seamos las mismas personas que éramos, hay que volver necesariamente la vista atrás, reconocer de qué nos enamoramos y reconciliarnos con ello, incluso aunque nos jorobe enormemente.

No estoy de acuerdo con el dicho de que no hay que ir hacia atrás ni para coger impulso. A veces, y en el caso de las separaciones sin más remedio, tenemos que contemplar y recomponer el pasado para viajar a un futuro nuevo. Nunca es tarde para un buen futuro, como dice nuestra querida maestra Angélica Olvera, pero suele ser difícil sin reconciliarnos con el pasado. Lo más probable es que seamos presas del resentimiento o que repitamos los mismos patrones y errores que nos han llevado a donde estamos.

Es muy sano poder reconciliarnos con lo que fue y también con lo nuevo que la ruptura conlleva. En estos últimos años, han pasado por mi consulta sobre todo mujeres que, a pesar de la rabia y del gran dolor que les ha producido la separación y la pérdida de su proyecto familiar, han podido encontrar el espacio para ser ellas mismas y florecer como personas y profesionales, gracias a este hecho. De no haberse separado, difícilmente habrían podido dar a sus hijos/as y al mundo lo que están dando ahora. Son mujeres brillantes, inteligentes y valientes, que han logrado sobreponerse a situaciones muy adversas y que siguen siendo buenas madres, o incluso mejores, porque ahora son más auténticas y pueden ofrecer un referente mucho más maduro y atractivo a sus hijos/as.

Es que sus padres «no» se han separado

Esto que dices de reconciliarnos no solo con el pasado sino también con lo nuevo que conlleva la ruptura me parece precioso, Ceci. Y veo imprescindible que, también dentro de la pareja, mujeres y hombres podamos encontrar ese espacio para ser quienes somos. De no ser así, se van a seguir rompiendo muchas más relaciones. Esto exige que en el proyecto de pareja se contemplen, se pacten y se respeten, desde el principio, unos espacios individuales para cada cual y para sus necesidades y aspiraciones personales, más allá del proyecto conjunto y de los tiempos comunes.

En cuanto a lo que comentabas de las rupturas, algo que tampoco ayuda a separarse bien son los mitos, estigmas y creencias limitantes que hay sobre ellas. Como por ejemplo la de que es un fracaso, o culpa de alguien, o fruto de que las nuevas generaciones no aguantamos nada, o que es un trauma para las hijas e hijos.

Hace treinta años, cuando estaba en la escuela, acabé harta de oír: «Este niño se comporta así porque sus padres se han separado». Llegó un momento en que prefería no saber si estaban juntos o no. Mi mirada estaba menos condicionada de este modo. Los prejuicios que tenemos nos confunden a veces. Padres separados no es sinónimo de familia desestructurada o infeliz, como tampoco padres juntos es sinónimo de familia estructurada o feliz. Hay muchas parejas que están más que rotas aunque no se separen. Esto a menudo se ve desde fuera y los/as hijos/as también lo perciben y les afecta.

Una vez, un alumno de quinto de primaria se me acercó y me preguntó si yo creía que iba a terminar siendo un delincuente porque sus padres se habían separado. Al parecer, un niño de su barrio le había robado la bicicleta a otro y oyó decir a unas vecinas que eso era porque sus padres se habían separado y nadie se ocupaba de él. Le dije que la separación de los padres no tiene por qué llevar a los hijos a robar bicicletas, y que él en concreto tenía cara de dedicarse a otras cosas más bonitas e interesantes. Le confesé además un pequeño secreto: que a ciertas explicaciones se les podía dar la vuelta como a una camiseta y podían ser ciertas del derecho y del revés. También hay niños que hacen tonterías o se comportan mal porque sus padres se llevan a matar y «no» se han separado. Me sonrió reconfortado.

El padre de mis hijos y yo nos separamos antes de terminar el tercer y último trimestre del curso escolar y pactamos con los dos que no se lo comunicaríamos al colegio hasta el comienzo del próximo curso. Lo hicimos para evitar un posible estigma sobre ellos, no queríamos que si bajaban las notas o tenían algún comportamiento inadecuado se achacara automáticamente a la separación. Guardar ese secreto nos permitió seguir sintiéndonos cómplices y unidos como familia y fue muy beneficioso. Cuando pasado el verano lo comentamos al profesorado nos dijeron que no habían notado nada. Nosotros nos dijimos: «¡¡¡Bien!!!!». Nunca más, a lo largo de su escolaridad, se vinculó ninguna problemática a esta cuestión, aunque también fue por cómo lo llevamos.

Hijos e hijas están bien si padres y madres están bien

Pues lo hicisteis muy bien, hijica. No lo ocultasteis por pudor o vergüenza, sino que fue una medida protectora. Al evitar el estigma al principio, lograsteis que no pesara en la mirada del profesorado hacia vuestros hijos ni sobre la interpretación de sus conductas. Esto demuestra, además, que los hijos e hijas pueden seguir estando bien, aunque sus padres se separen, si ambos siguen colaborando en su educación, buscando lo mejor para ellos en cada momento y tejiendo complicidades como esta vuestra.

Hay quien piensa que, por mal que estén los padres, un niño siempre estará mejor si están juntos que si están separados. Yo no lo pienso así. A mi modo de ver, es mejor un buen divorcio que una mala convivencia. El problema es que el divorcio suele ser peor aún de lo que era la convivencia. Al menos eso es lo que me encuentro a menudo en mi trabajo.

Hay dos cosas que puedo asegurarte. La primera, que hijos e hijas están bien si padres y madres están bien. La segunda, que, lamentablemente, hay pocos progenitores que estén bien después de una separación. El malestar de fondo que muchas veces logran contener mientras todavía están juntos se desata cuando deciden separarse. Las aguas se desbordan y se llevan por delante la tranquilidad y el bienestar emocional propio y también el de hijas e hijos en muchas ocasiones.

Pero el malestar ya estaba, no se debe solamente a la separación, así que me gusta mucho lo que le dijiste a ese alumno tuyo de que las malas conductas no son exclusivas de los niños cuyos padres se separan. Es muy cierto que algunos dan problemas porque sus padres «no» se han separado. También los hay que los dan para que no se separen. Detectan que sus progenitores están distanciados o que mantienen una mala relación, antes incluso de que estos se planteen una posible separación, y darles problemas es una forma de mantenerlos unidos y de tenerlos a ambos preocupados por ellos y cuidándoles. A los padres esto les permite proyectar su malestar como pareja en los hijos/as y postergar una decisión que a menudo les viene grande.

Lo más importante es, como bien dices, que si madres y padres consiguen aclararse y estar bien, sus hijas/os no tienen por qué tener más problemas que cualquier otro/a y tampoco tienen por qué ser considerados tan «pobres niños/as» como se les considera a veces. Aunque bien es cierto que, en el mejor de los casos, les va a tocar pasar un duelo.

Quizá no sean tan «pobres niños y niñas»

Tenemos que reconocerlo, Cecilia querida. Nosotras mismas somos las primeras que hemos pensado y nos hemos repetido montones de veces: «Pobres niños y niñas…».

Vamos a ver si te suena este párrafo: «Niños inocentes e indefensos arrojados a un auténtico infierno por sus propios padres, atrapados en medio del fuego cruzado de su desamor, utilizados como arma arrojadiza por dos seres que antaño se amaron y ahora se dedican a arruinarse mutuamente la vida… ¿Cómo podemos, los que nos llamamos adultos, comportarnos de una forma tan ruin y lamentable?».

Lo has identificado, ¿verdad? Pertenece a aquella primera versión que desechamos de este libro. Ilustra muy bien el victimismo en que incurrimos hacia los hijos/as y la culpabilización hacia sus madres y padres, el cual nos hizo aparcarlo durante tres años. Es lógico que, siendo como somos dos personas amantes de la infancia, estuviéramos indignadas por los efectos tan devastadores que estábamos viendo que provocaban la mayoría de separaciones. Pero este no era el tono ni la forma de abordar este tema si queríamos ayudar realmente.

Bonito sentimiento, la compasión. Pero —como todos los sentimientos— solo en su justa medida. Es buena la que acompaña y sostiene el sufrimiento ajeno o la que reconoce lo duras y difíciles que son determinadas situaciones. No lo es para nada la que es sobreprotectora y trata de evitarnos a toda costa el dolor. Tampoco es buena la que debilita al compadecido/a y lo sitúa en un plano de inferioridad. Esta es, quizá, la peor de las compasiones:

La del:
«Pobre, le ha tocado lo peor...»
«Pobre, qué mal lo va a tener...»
«Pobre, cómo pueden hacerle esto sus padres...»
«Pobre, no lo va a superar en la vida...»

Hay que huir de este tipo de compasión. Quita la dignidad y la fuerza. Si es «tan» pobre, damos por hecho que no va a ser capaz de superarlo y así es también como lo perciben ellos y ellas. Por eso hay hijos e hijas que no quieren decir que sus padres se han separado, y padres y madres que tampoco lo dicen, para que no les rebajen por ello. Mi hijo mayor lo tenía muy claro: «Yo no soy un "pobre hijo". Sigo teniendo a mis padres, me siguen cuidando los dos y además se llevan bien», le dijo una vez a su abuela.

Tenemos que dejar de llamarles «pobres» por sistema ante estas situaciones, y verlos capaces de superarlo y salir adelante, ¿no te parece?

A veces lo ingrato puede ser un gran aprendizaje

Completamente de acuerdo contigo, Evita querida. Y bendito el día que comenzó a sonarnos mal tanto «pobres niños/as…», aunque esto nos supusiera recomenzar de cero el libro.

Cuesta aceptarlo, pero a veces las circunstancias adversas pueden depararnos aprendizajes muy valiosos, y hemos podido comprobar que el dolor, que nadie queremos, puede ser un gran maestro. Dado que es inevitable, lo más saludable es mirarlo así.

Y sí, un poco de compasión humaniza y consuela; mucha, rebaja. ¿A quién beneficiaría tanta lástima? A niños y niñas está claro que no, y a sus padres y madres creo que tampoco. Solo sirve para acrecentar el victimismo de unos y la culpabilidad de otros. Y a mayor sentimiento de culpa por parte de los progenitores, mayor condescendencia hacia sus hijos e hijas que, en su condición de víctimas, se creen con más derechos y pueden terminar adoptando actitudes tiranas.

Cada vez que un padre o una madre separados miran a su hijo/a con lástima y piensan «cuánto daño te hemos hecho», se empequeñecen y los engrandecen a ellos. De aquí a la permisividad absoluta hay solo un paso: «Pobre, como le he dañado tanto, le consiento y le sobreprotejo para que no sufra más». Los hijos e hijas puede que saquen partido de esta debilidad, imponiéndose y exigiendo cada vez más.

Este es un gran desorden familiar con el que nos encontramos actualmente y no solo en el caso de separaciones. Es a padres y madres, separados o no, a quienes nos corresponde seguir educando, estableciendo pautas de convivencia, normas y límites. Cuando la culpa nos atenaza, nos vemos incapaces de realizar un ejercicio amoroso y adecuado de la autoridad y muy a menudo son nuestros hijos quienes se la arrogan y la ejercen en nuestro lugar. Esto también ocurre cuando los progenitores no son capaces de hablar y establecer unos acuerdos básicos entre ellos, para que haya una mínima coherencia entre los criterios educativos respectivos.

No tienen por qué ser tan «pobres niños» o tan «pobres niñas».

A veces, quizá haya que decir también «pobres madres y padres».

Quizá haya que decir también «pobres madres y padres»

Cuidadín, Mari Ceci, que nuestro anterior libro (el que desechamos) podría haberse titulado «Pobres hijos e hijas» y a ver si va a resultar que este lo vamos a titular «Pobres madres y padres».

Fuera bromas, es una clara constatación de que existen, como mínimo, dos interpretaciones contrapuestas de un mismo hecho, y, entre ambas, todas las visiones y matices posibles. Me parecería injusto, por tanto, quedarnos con una sola y desconsiderar el resto. No es cierto, por ejemplo, que el dolor esté de un solo lado. Cuando los padres se separan, la familia rota de los hijos/as es también la familia rota de los padres. El peor día en la vida de los hijos/as es a menudo el peor día en la vida de los padres. Hay hijos/as que pierden en alguna medida a su padre o madre, y padres que pierden a sus hijos/as o muchos momentos de la vida de estos.

Duele el dolor de los hijos/as y duele —o tendría que dolernos también— el de los padres. Quiero pensar por unos momentos en ellos, en las madres y padres:

En los que alardean y los que se avergüenzan de haberse separado.

En los que son cuestionados o devaluados por sus hijos/as por el mero hecho de separarse.

En los que son rechazados por sus propios padres, familiares o amigos.

En los que son mirados con más o menos desdén por el vecindario, la escuela, su comunidad…

Ellos y ellas, igual que sus hijos e hijas, merecen también una mirada sensible y respetuosa. Separarse no les hace menos dignos. Son seres humanos como otros, que un buen día fundaron una pareja, tuvieron hijos/as, y, por razones normalmente más complejas de lo que imaginamos, en un momento dado toman una decisión que nunca es fácil y tienen que aprender a caminar con la culpa, el dolor profundo en las entrañas y la añoranza de lo que no pudo ser y de lo que ya nunca será.

Compadecemos a quienes sufren las separaciones como hijos/as, pero no tanto a quienes las sufren como padres y madres. A menudo escuchamos: «Ellos se lo buscan... No hay para tanto, ahora mucha gente se separa... Ya son mayorcitos y saben lo que hacen... Que sigan juntos si tanto les duele...».

Como bien dices, a veces habría que decir también *pobres madres y padres*.

«Esto es lo que hay, vamos a ver qué hacemos con ello»

Pues sí, querida primica. Pero dejémonos ya de pobres unos y pobres otros y hablemos de oportunidades y aprendizajes.

Me viene a la cabeza aquella canción de Serrat que dice: «Hoy puede ser un gran día, plantéatelo así, aprovecharlo o que pase de largo depende en parte de ti...». Soy consciente de que cuando ocurre algo doloroso es complicado creerse realmente que ese pueda ser un gran día o que esa experiencia pueda convertirse en aprendizaje.

Cuesta imaginarse a un padre o madre diciéndole a su hijo/a: «Tu madre y yo vamos a separarnos, pero tú no te preocupes. Hoy puede ser un gran día, date una oportunidad...». Muy normal no sería. Estaría tan fuera de lugar como cuando una amiga de mi hija llegó a casa deshecha en lágrimas porque la había dejado el novio y la madre le dijo: «Que no te vea yo llorar, que ese memo no merece ni una lágrima tuya». Mereciera o no una lágrima el memo en cuestión, aquel era un momento para llorar.

Uno de los más claros indicios de haber superado una experiencia dolorosa es la capacidad de referirse a ella serenamente, así como el hecho de haberle encontrado un sentido e incluso alguna influencia positiva de cara a la propia madurez, como hemos comentado en otra carta anterior. Sin embargo, esto sólo es posible con el tiempo y con un trabajo de reconstrucción personal. Muchas situaciones adversas pueden contener una semilla de crecimiento, pero el aprendizaje o la transformación —si se dan— casi nunca se producen de forma inmediata ni automática. No olvidemos que toda separación representa una pérdida, por lo que hace falta un tiempo más o menos largo elaborando el duelo, al principio incluso eludiéndolo. Como dice Cyrulnik, no es bueno echar a andar demasiado pronto después del atropello. Tampoco lo es quedarnos atados al dolor de lo ocurrido. Tarde o temprano tendremos que contarnos una historia reparadora, recomponer los recuerdos, construir un sentido y reconciliarnos con lo vivido. Es la única salida si queremos trascenderlo y seguir adelante con espíritu renovado.

No hace falta que en su peor día les digamos: «Hoy puede ser un gran día...». Pero sería interesante poder decir al menos: «Esto es lo que hay, vamos a ver qué hacemos con ello». O mejor aún: «Vamos a darnos el tiempo que necesitemos para hacer algo bueno con ello».

¿Esto son personas o son marcianos?

Ay, Cecilia querida... Una vez se me ocurrió decir en una conferencia sobre las rupturas de pareja algo muy parecido a lo que me acabas de decir («Vamos a ver si somos capaces de hacer algo bueno con esto que nos ha tocado vivir»), y del público surgió una voz preguntándome si había algún padre o madre así en este planeta.

Ciertamente, este tipo de reacción suena un poco como a ciencia ficción. No diré que sea imposible, pero sí bastante complicado mantener, en un momento tan delicado como el de una separación, la lucidez y el aplomo necesarios para soltar una frasecita de este estilo. Sin embargo, conviene que las situemos en nuestro horizonte y en nuestras intenciones. Hay que apuntar hacia a ellas, aunque nos parezca estar apuntando hacia estrellas remotas.

Es preciso transformar nuestros pensamientos y tratar de no sucumbir a las visiones negativas y tremendistas sobre las separaciones, que abundan por doquier. Tampoco a las que se pasan de la raya de positivas. Mal si pensamos que una separación es el peor de los desastres y mal si pensamos que no pasa nada por separarse. Quien piensa lo primero es probable que exagere y quien piensa lo segundo puede que se autoengañe, pues, aun en el caso de que sea beneficiosa, en el fondo del alma siempre hay dolor.

La forma como explicamos aquello que nos ocurre nos condiciona enormemente; las palabras que escogemos y utilizamos son muy importantes. Recuerdo el caso de dos mujeres a las que sus maridos habían pedido el divorcio para irse a vivir con otra persona. La primera de ellas lo resumía en una sola frase: «Me ha traicionado». La segunda decía: «Si ya no quiere estar conmigo, no puedo obligarle. No tendría ningún sentido oponerme». Te puedo asegurar que el dolor y la rabia de la segunda no era menor que el de la primera. Pero, mientras la segunda se estaba procurando una salida, la otra estaba fabricando su propia cárcel. Mil años después, sigue resentida contra su primer marido, los hombres y el mundo. La segunda reorganizó su cosmos emocional y se halla de nuevo abierta a las relaciones.

Las historias que nos contamos nos pueden llevar a la desdicha o a un resurgimiento. El lenguaje puede hundirnos o ayudarnos a recomponernos.

Cuando el entorno envenena las mejores intenciones

Ya lo creo que el lenguaje influye, Eva. Es muy distinto cuando una pareja viene y me dice: «Queremos separarnos», que cuando uno de ellos me dice: «Me quiere dejar». Lo que ocurre es que lo que uno mismo no se dice, otros se ocupan de decírselo. El entorno envenena a veces los mejores propósitos e intenciones.

Dice Luís Rojas Marcos que los enemigos de la separación son la familia, los amigos y los abogados. Empecemos por las familias respectivas. Comunicarles la decisión de separarse a sus propios padres es un momento muy complicado para algunas parejas. Los hay que reaccionan bien, apoyando a su hijo/a y tratando de mantenerse en un segundo plano, pero también los hay que se erigen en jueces y parte, malmeten, chismorrean y empeoran las cosas. Sé de una pareja que diez años después de haberse separado, tanto la madre como la tía de ella siguen echándoselo en cara al exmarido y a la familia de este cada vez que se los encuentran. Quizá no sea tan frecuente en las grandes ciudades, pero sí en poblaciones más pequeñas donde todos nos conocemos.

Muchas veces, si la pareja se esfuerza por llevarse bien y afrontar civilizadamente la separación, el entorno les disuade: «¿Cómo puedes dirigirle la palabra después de lo que te ha hecho?». La hermana de una conocida me decía una vez, presa de una gran irritación: «Si me encuentro a mi cuñado de cara en la boda de mi sobrino, no sé cómo voy a reaccionar». «Pues con un saludo formal o dándote media vuelta, como la adulta que eres», le contesté. «¿O acaso prefieres montar un pollo y ser tú la protagonista en lugar de los novios?».

También hay padres y madres que toman partido en contra de sus propios hijos. Algunos viven la separación como un fracaso personal o una deshonra familiar y no llegan a aceptarlo jamás. Conozco el caso de un padre que dice que nunca le perdonará a su hijo «lo que le ha hecho» y que para él ha dejado de ser su hijo. Como lo oyes. En los hermanos/as y amistades también he visto todo tipo de reacciones. Desde los incondicionales que dicen: «Aquí me tienes para lo que haga falta», hasta los que se alegran (porque les caía mal el otro o por cualquier otra razón), o los que se alían con la otra parte, muchas veces por considerarla más débil o la más perjudicada.

Abogados/as, psicólogos/as y otros profesionales son a veces los terceros en discordia. Como dice Rojas Marcos, los hay que se entregan ciegamente a la defensa de sus clientes, fomentan la revancha y complican y alargan innecesariamente los procesos. «Le vamos a sacar todo lo que podamos...», dicen algunos/as. De esos hay que huir por patas. Por suerte, son muchos más los que actúan con impecable profesionalidad.

A veces, quien protege se autoprotege

Pues sí, Cecilia. A veces hay profesionales que proyectan sus propios asuntos y emociones no resueltas en los casos que llevan. Les puede ocurrir a jueces/zas, médicos/as, psiquiatras, psicólogos/as, educadores/as y a profesionales de la ayuda en general. Hasta cierto punto es humano e inevitable, pero puede tener repercusiones negativas en su clientela y, en este sentido, suele ser de gran ayuda poder contar puntual o periódicamente con la supervisión de terceras personas.

La imparcialidad total es imposible. No podemos actuar al margen de nuestros sentimientos y valores personales, pero para poder ayudar realmente es preciso que las propias emociones estén mínimamente en orden y armonía. Un convenio o una sentencia de divorcio no debería depender de si el abogado/a de turno o el juez/a encargado/a del caso compadece a las mujeres o de si siente complicidad o no con los hombres que se separan.

En cuanto a las reacciones del entorno, una de las que más me sorprenden tiene que ver con mujeres cuyos maridos han tomado la iniciativa a la hora de separarse. He visto a hermanas/os y amigos/as del marido volcarse totalmente en ellas, dedicarles unas atenciones que no tienen con su propio hermano o amigo, incluso llegar al extremo de condenarlo y dejarle de hablar. Lo más curioso es que algunos nunca antes se habían relacionado con la cuñada o la mujer del amigo como lo hacen a partir de la separación.

Quienes actúan así puede que sea porque adoptar esta actitud les hace sentirse mejores personas o porque sus propias relaciones están en peligro y viven la separación como una amenaza, por lo que, protegiendo a la parte aparentemente más débil, lo que están haciendo en realidad es autoprotegerse. Quien protege de este modo casi siempre se autoprotege o protege lo establecido. A veces representa una forma de defender una serie de códigos no escritos que preservan el orden y la estabilidad de las relaciones dentro del grupo social. Por ejemplo, puede ser una forma de decirle a la propia pareja: «A ti ni se te ocurra hacerme algo así».

A mí particularmente me parecen bien ciertos tipos de solidaridad y complicidades que se dan en estos casos, ya sea entre mujeres, entre hombres o entre hombres y mujeres. Sin embargo, esto no debería impedirnos comprender y respetar planteamientos, circunstancias y decisiones vitales radicalmente distintas a las propias o a las que consideramos deseables. Ni tendría que suponer dejar de lado a nuestras personas más queridas cuando se separan.

Líbrame, Señor, de mis amigos...

Tienes mucha razón, mi querida Eva: las solidaridades están bien siempre y cuando tengan por objetivo ayudarse, protegerse y apoyarse en el momento difícil de una separación. No me parecen nada bien cuando el nexo de unión es básicamente el enfado o la rabia contra las exparejas o contra un colectivo en concreto, puesto que solo sirven para fortalecer los egos, intensificar los conflictos y acrecentar la división entre buenos y malos o víctimas y culpables. Puntualizo que estamos hablando de separaciones «normales», no de casos de maltrato.

Una cosa es consolar a una amiga o amigo, escucharle, prestarle apoyo cuando está atravesando una ruptura; pero otra muy distinta es llenarle la cabeza de acusaciones y críticas contra la persona que ha sido su pareja, proyectando en ello los propios miedos e insatisfacciones y metiendo más leña al fuego. Lo primero es totalmente lícito y necesario. Lo segundo es insensato y muy dañino.

Lo de los hermanos/as y amistades tiene tela. Pienso que depende mucho de cómo hayan sido las relaciones antes de la separación, del tipo de vínculo y, lógicamente, también del nivel de consciencia y evolución personal de cada cual. Hay reacciones que, a pesar de todo, duelen mucho. Recuerdo el caso de una mujer que se sentía fatal porque su hermano seguía viéndose muy a menudo con su exmarido después de la separación. Sabía que lo invitaba a su casa muchos fines de semana y para ella era muy duro imaginarlo allí; se sentía como excluida de su propia familia cada vez que esto ocurría. A veces, simplemente por querer mantener el vínculo con ambos, no nos damos cuenta de que causamos dolor en personas queridas.

En cuanto a quienes sobreprotegen a la parte aparentemente más débil, lo grave es que cuando tratamos de víctima a una persona le va a costar más salir de ese papel. En el fondo no la consideramos capaz, como ya hemos dicho, o quizá es que nuestro rol es el de ir de salvadoras/es por la vida.

Algo que también me molesta bastante son las amistades que se erigen en jueces/zas y quieren que les cuentes «tu versión de los hechos» para saber de qué parte se ponen. O los que te someten a un interrogatorio por puro morbo o para emitir su dictamen. A estos no nos tiene que dar ninguna pena perderlos. No son amigos/as de verdad y nos hacen un gran favor si se van a consolar a la «otra parte».

Si quieres estar con todos, no estás con nadie

«Si eres amigo de todos, no puedes ser amigo mío. Si eres amigo de todos no eres amigo de nadie», escribió Molière.

A veces hay que tomar partido, ¿no crees, Cecilia? Con serenidad y delicadeza, pero hay que pronunciarse. Esto no significa ponerse a favor de uno y en contra del otro, sino arrimarnos un poco más al lado de los nuestros, pues ciertamente hay veces que si pretendes estar con todos quizá no estés de verdad con nadie.

Podemos sentir cariño por un cuñado, por una nuera, por la mujer de un gran amigo… Pero en ocasiones tenemos que estar primero al lado de la hermana, del hijo, del amigo… Podemos seguir queriendo y respetando a sus exparejas, es más, sería deseable que así fuera, pero no siempre vamos a poder seguir relacionándonos con ellas del mismo modo que antes. Habrá casos que sí y casos que no, y es conveniente saber distinguirlo.

Cuando mi primer marido y yo nos separamos, me dolió perderle a él y me dolió también perder —en cierta medida— a su madre y a mis cuñados. Son la familia de mis hijos y eran y siguen siendo la mía. Mi suegra me siguió felicitando todos los años por mi santo y cumpleaños, y yo a ella, y cada vez que nos veíamos percibía que seguía existiendo un profundo afecto y respeto mutuo que sobrevivió a las circunstancias. Pero, aunque la relación era muy bonita y cercana, y en lo profundo del alma el vínculo se mantuvo intacto, a partir del momento de la separación algunas cosas tuvieron que cambiar necesariamente, no pudieron seguir siendo igual a como eran hasta entonces.

Una conocida mía, a cuyo hijo le dejó su mujer, me contó que a veces le daban ganas de decirle cuatro verdades a su exnuera, pero cuando piensa que es la madre de sus nietas no le queda otra que seguir respetándola y tratándola con amabilidad.

Me imagino que para ti, como profesional, debe de ser un poco más sencillo tratar a ambos miembros de la pareja con una cierta ecuanimidad. En cambio, cuando hay un vínculo estrecho o cercano resulta más complicado mantenerse neutral. Unos parientes míos se separaron hace un tiempo. Al principio me llamaba solo él. Después, comenzó a llamarme también ella y esto me causó una cierta incomodidad porque tenía la sensación de estar siendo desleal a ambos. Otra pareja de muy buenos amigos se ha separado recientemente y tengo que estar recordándome a menudo respetarles a ambos y no juzgar. He llegado a entender a los amigos que le dieron la espalda a mi actual pareja cuando se separó de su primera mujer. Había uno que me ninguneaba cuando nos encontrábamos por la calle. Fue muy desagradable, además de indigno, pero también me he dado cuenta de que ser ecuánime es muy difícil a veces.

¿Sabes una cosa, Ceci? En el fondo de mi corazón, a mí la «versión» que más me importa es la de los míos.

¿Te equivocaste? No importa...

Es natural que así sea, Eva. Los nuestros son nuestro apoyo y nuestra fuerza.

Recuerdo dos poemas que vienen muy al caso. El primero es de Mario Benedetti. Lleva por título *A mi amiga* y dice así:

> ¿Te equivocaste? No importa.
> Aprovecha la experiencia
> Y rectifica el camino.
> No estoy aquí para juzgar tus actos
> Pero sí para entender tus razones.
> Hemos venido al mundo para compartir la vida.
> Te respeto, por encima de todas las cosas...

El segundo, otro precioso de Gaviota Durazno, que nos envió nuestra querida amiga Ángeles Rocamora:

> Acuérdate de mí, si algún día lloras.
> Acuérdate de mí, si sientes que la muerte
> llega a tu puerta un día, con deseos de entrar...
> Acuérdate de mí, cuando los años pasen, serenos y
> pausados, con ansias de olvidar...
> Acuérdate de mí, cuando llegue el invierno con sus
> tristes acentos, pensando en soledad...
> Acuérdate de mí, si al llegar la primavera no florecen
> las flores que solíamos sembrar... Acuérdate de mí,

cuando la lluvia caiga, y dentro de tu alma, no encuentres la paz...
Acuérdate de mí, cuando la noche avanza, cuando las madrugadas te escuchen sollozar...
Cuando los días grises te sepan a nostalgias,
Cuando nada en el mundo te dé felicidad...

Los amigos y las amigas de verdad no preguntan ni juzgan. Simplemente están ahí. Siguen a tu lado aunque te equivoques. En invierno y en primavera. Cuando sonríes y cuando lloras. Y sí, estoy de acuerdo en que deben hacerte notar que, por encima de todo y antes que nada, están contigo.

Una casa vacía y un corazón roto

¡Que preciosidad ambos poemas! ¿Qué sería de nosotras, Cecilia querida, sin nuestros seres queridos? El cariño y la compañía de las personas amadas son un bálsamo en el momento de una separación. El calor de hogar de nuestra familia es un poderoso reconstituyente. Es bueno que te den prioridad a veces y te hagan sentir que sigues perteneciendo, que tienes todavía un lugar, un reducto íntimo y exclusivo entre los tuyos.

Sobre las separaciones, en abstracto, se pueden decir muchas cosas... Ante una separación concreta, cercana, con nombres y apellidos, es mejor callar, tender una mano si se puede y no meter las narices donde no nos corresponde. ¿Quiénes somos nosotras para opinar o manosear lo que pertenece a la intimidad de una pareja?

En ocasiones pensamos que las personas se separan a la ligera, que no aguantan nada, pero al menos en las separaciones que yo conozco, ligereza hay muy poca y, dolor, mucho. Cada persona lo manifiesta a su modo; algunas es verdad que ni siquiera lo muestran, pero haberlas, *haylas*.

Cuando alguien se separa, se queda muchas veces con una casa vacía, un corazón roto y la soledad por única compañera. A quien no lo ha vivido en primera persona o le ha tocado muy de cerca se le hace muy difícil imaginar lo que representa ese momento. Su parte del armario vacía, su colonia o su albornoz que ya no están en el baño, su lugar en la mesa desierto... Diez, quince, veinte... años de tu vida saliendo por la puerta en unas cuantas cajas de mudanza que se llevan lo que ya nunca podrá ser y dejan a su paso un puñado de ilusiones rotas. Se va mucho más que una persona, se van un proyecto de familia y de vida, y una parte de ti con ellos.

Y lo peor no es esto. Lo que te rompe de verdad el alma es llegar a casa y que te reciba una fría e ingrata soledad. Las luces apagadas, los juguetes recogidos, el silencio que lo inunda todo, las camas vacías de los niños cuando le tocan a él, la desazón de cada verano cuando se van un mes seguido con su padre... Con el tiempo lo acabas asumiendo, pero nunca te acostumbras del todo a algo que en el fondo parece ir contra natura. Yo no lloraba cuando mis hijos se iban de colonias con el cole y lloraba siempre (a solas) cuando se iban un tiempo con su padre. Lo primero lo veía natural e inevitable; lo segundo, no.

«Si supieras cuánto echo de menos el beso de buenas noches a mi hija, despertarla cada mañana para ir al colegio...», me decía una vez un padre con gran tristeza.

Y tanto da si eres quien se queda o quien se va, quien permanece en el hogar o quien lo abandona. El dolor no hace distinciones.

No sufre más quien se queda

Este es otro de los grandes mitos de las separaciones, Eva. Pensar que la persona que se queda sufre más que la que toma la decisión de irse.

Normalmente, incluso en las separaciones de mutuo acuerdo de verdad (aquellas en las que ambos miembros de la pareja coinciden en que la mejor salida es separarse), hay uno que se da cuenta primero o que se lo plantea conscientemente y otro que no se entera hasta más tarde o que incluso le pilla completamente por sorpresa. Sin embargo, son muchas las ocasiones en que, de manera consciente o no, ambos lo intuyen desde el principio. La única diferencia es que uno lo reconoce y lo afronta de cara, y el otro no lo quiere ver, o no es capaz de afrontarlo abiertamente, y encuentra justificaciones para seguir como están.

La única ventaja que a mí me parece que tiene quien lo reconoce primero es que puede prepararse internamente para ese momento, puede iniciar antes el despido interior y llegar emocionalmente de otra manera al momento de hablarlo con la pareja y hacerlo público. Pero, a partir de ese día, tampoco sabe qué va a encontrarse, todo es nuevo e imprevisible para ambos, y su situación deja de ser ventajosa, si es que en alguna medida lo era.

No querría estar yo en la piel de quien siente que la relación con su pareja ha llegado a su fin y, en lugar de callar y aguantar, tiene el valor de reconocerlo y plantearlo abiertamente. Socialmente, contemplaciones va a tener pocas. A quien se queda normalmente se le compadece y a quien se va se le acusa y se le carga con toda la culpa. Y como se vaya con otra persona, ya ni te digo.

¿Que sufre más quien se queda? Yo lo que veo es que quien asume la responsabilidad de irse, sufre antes y sufre después. Y no poco. Y, como te decía, no me gustaría estar en su piel. Como tampoco me gustaría estar en la de la persona que tiene que asumir una decisión que no es suya, que no desea y que, a veces, ni siquiera imaginaba.

No siempre es lo que parece desde fuera

Estoy segura, Cecilia de mi corazón, de que la mayoría de quienes un buen día deciden dejar su hogar y a su familia lo pasan verdaderamente mal. No es mi caso, pero he podido verlo en personas cercanas y no voy a ser yo quien se atreva a juzgar a nadie por este motivo. Cualquier decisión que comporte un coste personal tan grande como el de una separación, me merece el mayor de los respetos y tengo muy claro que una cosa es lo que parece desde fuera, y otra muy distinta lo que puede estar viviendo una persona en su interior.

No siempre las cosas son lo que parecen desde fuera y por eso me sabe mal cuando se habla en un tono despectivo de alguien que se ha separado.

Conozco a un magnífico psicólogo y psicoterapeuta que está separado e imparte unos cursos y talleres excelentes sobre parejas. Hace unos años vinieron a verme a casa de mi madre unos conocidos que estaban atravesando una crisis importante en su relación y querían que les orientara. Les hablé de él y les recomendé que fueran a verle. Conseguí suscitar un gran interés en la mujer, pero no así en el marido. Noté que me miraba con cierto recelo y vi claramente que algo ocurría. Pensé que quizá fueran los miedos y prevenciones habituales en estos casos y no le di más importancia. Unos días después la mujer habló con mi madre y le contó que su marido se había negado en redondo a ir a ver a esta persona porque, según le había dicho al salir: «Arreglados estamos si tenemos que fiarnos de un separado». Hay cosas que parece que estén superadas y no lo están en absoluto. Ser un buen o un mal profesional tiene que ver con el proceso de crecimiento interno y de aprendizaje personal y no con el hecho de estar o no separado.

Lo de plantearnos las separaciones en términos de víctimas y culpables es otro indicador de la falta de madurez emocional en general y en este tema en concreto. Si surge el impulso natural de culpar al otro, es bueno ser conscientes de ello y tratar de neutralizarlo, pues no sirve para nada bueno. En el caso de mi propia separación, nunca me ha parecido que haya culpables. Sí sentí, en cambio, un cierto sentimiento de culpa por lo que no supe hacer mejor, por el dolor que pude causar, por lo que no fui capaz de ofrecerle o corresponderle a mi exmarido. Pero fue un sentimiento que no me atormentó y que no me convirtió en culpable de nada en particular.

Por otro lado, es muy normal que haya cosas que te subleven o que no te gusten de tu expareja. Ocurre también con la pareja. Basta con reconocerlo sin dramatismos, ser capaz de regularlo y, siempre que se pueda, aderezarlo con unas gotas de sentido del humor, que suele ser muy saludable y va muy bien para quitarle hierro.

Si te culpo, me duele menos

Mi querida Eva, hay un proverbio de los indios americanos que dice algo así como que antes de juzgar a nadie camines durante tres lunas con sus mocasines. Si pudiéramos meternos por un tiempo en la piel de otro, nadie juzgaría a nadie, al menos no tan alegremente.

Llevas razón cuando dices que echar las culpas no sirve para nada bueno, pero no te quepa la menor duda de que sirve para algo. En primer lugar, resulta más cómodo. Quien piensa que el culpable ha sido la otra persona no tiene que cuestionarse ni plantearse nada más. Puede creerse que lo ha hecho todo bien y sentirse mejor. Esto le ahorra tener que asumir su propia parte de responsabilidad y tener que admitir que hay hechos que no nos gustan, pero que no dependen de nosotras y no los podemos controlar.

En segundo lugar, el dolor de una separación es un poco más soportable cuando se piensa que hay un/a culpable. Si pienso que ambos somos igualmente dignos, me duele más. Si en cambio me creo mejor y con derecho a juzgarle, me sitúo por encima y los juicios y descalificaciones hacia él o ella me impiden conectar con el dolor de lo que he perdido o la pena de lo que no ha podido ser. Cuanto peor creo que es mi expareja, menos me duele. Esto no solo sirve para la pareja, sino también para los familiares. Por ejemplo, la rabia contra el cuñado, la nuera o el amigo que se separa nos ahorra tener que reconocer la pérdida que representa también para mí que esa persona se vaya. Cuanto más ocupados estemos en criticarla, menos vamos a extrañarla y menos van a dolernos los cambios que su marcha comporta en nuestra propia vida. Enrabiarnos con esa persona nos hace sentir más fuertes que si nos permitiéramos expresar la tristeza por su pérdida, pero también nos endurece el corazón y nos impide quedarnos con lo bueno que vivimos a su lado, que a veces es mucho.

Buscar culpables nos ahorra ver todo aquello que preferimos no ver o que nos negamos a aceptar, y nos mantiene en una especie de burbuja que por un lado nos protege y por el otro no nos deja sanar la herida, pues es imposible curar emocionalmente lo que no nos permitimos sentir o mirar de frente.

Con todo, la culpabilización de la otra parte y la rabia son sentimientos naturales en las primeras fases de una separación o pérdida; son etapas necesarias del proceso de duelo. Pero hay que poder elaborarlo para transformarlo o superarlo.

Los no separados hacen lo mismo, pero se interpreta distinto

Hay que superarlo, pero de verdad, Cecilia. Porque hay quien dice que lo tiene completamente superado y nada más lejos de la realidad. Con las separaciones ocurre lo mismo que con la autoestima. Las personas que más alardean son, muchas veces, las que van más faltas. Hay quien te cuenta que se lleva de maravilla con su expareja y al rato la está poniendo verde o se le salen los ojos de sus órbitas cada vez que la nombra. Esto indica que, en lo profundo, no se ha superado en absoluto.

Volviendo al tema de los prejuicios sobre las personas separadas, una madre me contaba una vez que habitualmente era su marido quien llevaba al niño a los partidos de básquet del fin de semana. Ella solo iba en ocasiones y todo el mundo lo veía tan normal. En realidad, había varias madres más que no iban siempre. Se separaron y siguió llevándole el padre. Y un día que ella fue al partido, hubo un par de madres que aludieron a la separación y comentaron lo contento que estaría ese día su hijo, con una actitud compasiva que le molestó mucho.

Aunque hagas lo mismo, se interpreta de manera muy distinta si estás separada que si no lo estás. Las propias personas separadas caemos sin darnos cuenta en esta trampa. Llega un momento en que cualquier conducta desajustada de nuestros hijos la achacamos a la separación. A veces, cuando veía el desorden en las habitaciones de mis hijos adolescentes, pensaba si tendría algo que ver con este hecho. Hasta que pude comprobar que los hijos de mis amigas no separadas las tenían igual o peor. Entonces tuve claro que con lo que tenía que ver era con la adolescencia y no con la separación, y esto me relajó mucho.

Otra cosa que me molesta en este sentido es cuando, por ejemplo, se dice que un padre o una madre ha abandonado a sus hijos/as o no se ha preocupado más de ellos/as después de la separación, lo cual muchas veces no es cierto. Efectivamente, hay padres y madres que se desentienden por completo e incluso hay algunos —menos— que desaparecen de sus vidas. Pero no siempre es porque no les importen sus hijos/as. En ocasiones, son las propias madres o padres quienes, aprovechándose de la debilidad y enfado del momento, ponen todas las trabas, obstáculos e impedimentos posibles para que no vean al otro progenitor, y llega un momento en que este, agotado o cansado de tanta lucha y tanto dolor, claudica o se aparta. Luego viene aquello de: «¿Veis como tu padre (o tu madre) no os quiere?».

¡Qué crueles son a veces los juicios y prejuicios! ¿Qué vamos a saber de los motivos profundos del alma? Cuando un padre o una madre no quiere saber nunca más de sus hijos/as, a veces es un acto de amor o protección, aunque no lo parezca, y otras veces puede que sea algo que le supera por completo lo que se lo impide.

Querer «más», una forma sutil de venganza

Evica de mi corazón: casos como el que comentas he visto varios. Es verdad que hay padres y madres que no cumplen con sus responsabilidades como tales. Y hasta los hay que desparecen del mapa. Pero también es cierto que una forma habitual de venganza consiste en impedir o dificultar al máximo la relación con las hijas e hijos, y si se hace de tal manera que parezca que sea el otro quien se desentiende, mejor aún. A la frase: «¿Veis como tu padre (o tu madre) no os quiere?», podemos añadirle: «Yo sufro más, luego os quiero más».

¡Hay que ver el partido que le sacan al sufrimiento algunas personas que se separan! Existen porque sufren, son protagonistas porque sufren o se consideran mejores porque sufren. A veces pueden presumir incluso de comprender y perdonar al otro/a y esto las hace sentirse aún mejores. Algunas personas están realmente encantadas de la vida sufriendo. Es un poco fuerte lo que voy a decirte, pero a veces me vienen personas a la consulta que parece que no quieran ninguna solución porque se les terminaría el cuento.

Decía Hellinger que algunos clientes sujetan el problema con todas sus fuerzas, evitando así la solución. Los problemas son vistos como una prueba de inocencia y, si los conservamos, somos mejor considerados y además es una forma —completamente insana— de no cortar los vínculos. Los problemas son buenas compañías en este caso, y, según él, no hay que compadecer a la persona, ya que en el fondo su alma está contenta. Suena muy duro, pero te aseguro que me he encontrado a personas con este perfil. Desde luego, no pueden reconocerlo. Todas/os te dirían que no, que cómo van a alegrarse de que se haya roto su pareja. Algunas lo que lamentan es haber perdido lo que la persona les aportaba o representaba en sus vidas, pero no a la persona en sí.

Voy a decirte algo más fuerte todavía. Sufrir más, querer más, es también una forma sutil de venganza. Se lo escuché una vez a Joan Garriga en un taller y he podido comprobar que es cierto. No deja de ser una manera de no dejar libre a la otra persona. Me explico mejor. Quien cree querer tanto y por amor a la anterior pareja se resiste a salir del dolor y a rehacer la propia vida, lo que está haciendo en cierta forma es no acabar de soltar a esa persona. Quien en cambio quiere de verdad, o de un modo saludable, está dispuesto a dejar marchar. Y esto, aunque duela, a la larga se acaba llevando con paz y dignidad.

Hazme caso y nunca quieras demasiado a nadie.

Sufro, luego existo

Ciertamente vas fuerte hoy, Cecilia. Me encanta cuando pones patas arriba ciertas creencias. Hay que poder decir lo políticamente incorrecto; a veces hay grandes verdades en ello.

Respecto a las ventajas que comentas que nos reporta el sufrimiento, hay una reflexión de Osho que se lleva la palma en cuanto a ideas fuertecitas. Dice que con la desdicha podemos llamar la atención de la gente. Siempre que estamos tristes nos hacen caso, nos quieren, nos comprenden, nos cuidan y nadie nos envidia, nos daña ni es hostil con nosotros. Dice que con la desdicha somos alguien. Desde luego, sería tremendamente injusto aplicar esto a todas las personas que sufren, aunque, en este caso de las separaciones, quizá sí haya algunas que se aproximan a este perfil.

Yo lo que veo es que con los sentimientos nos hacemos un lío y nos manejamos fatal. Somos realmente analfabetos emocionales, como señaló Goleman. A veces, por no admitir que tenemos miedo, que nos sentimos solos o que estamos muy tristes, nos contamos cada película que enreda todavía más las cosas.

Una separación es un hecho doloroso que marca un antes y un después y comporta un proceso de duelo, que puede durar más o menos dependiendo del caso. Un proyecto de vida en común —habitualmente iniciado con gran ilusión— se viene abajo, parte de la propia identidad se hace añicos, sentimientos muy profundos quedan maltrechos… Se deja de hacer lo que se hacía juntos y lo que antes se afrontaba entre dos ahora le toca a uno/a solo/a. Al principio, todo es muy extraño y normalmente bastante ingrato. Tienes que establecer nuevas rutinas y aprender a vivir de otra manera, y habituarte lleva su tiempo. Y aun en el caso de que sigas queriendo de alguna manera a tu expareja, tienes que marcar una distancia y transformar tu forma de relacionarte con esa persona. Todo esto es bastante duro, especialmente cuando uno de los dos no desea separarse.

Desaparece también un sentido de familia y nunca más se vuelve a tener la sensación de unidad o de estar al completo que se tenía antes de la separación, tanto en casa y entre los tuyos, como cuando apareces en público ante los ojos de los demás. Es evidente que se producen una serie de pérdidas irreparables y muchas cosas cambian para siempre. Todo esto hay que poder reconocerlo, llorarlo y rabiarlo si hace falta. No se puede estar por encima de ello, como tampoco se pueden evitar a veces los miedos y temores propios de un momento así. Hay que poder expresarlo y posteriormente ser capaz de salir de ello. Todavía son muchas las personas que no logran reconocerlo y se quedan atrapadas de por vida a esos sentimientos.

El dolor: ríndete primero y suéltalo después

Hija de mi vida, menos mal que lo dice Osho... No quiero ni pensar la que me caería si lo dijera la Mari Ceci. Pero, efectivamente, hay personas que le sacan muchísimo partido a su separación, se agarran a ella y al sufrimiento que les acarrea y no lo sueltan jamás, son el centro de atención en todas las reuniones y no hablan de otra cosa. Esto es realmente patológico y, por supuesto que, en lugar de compadecerlas, habría que mandarlas a terapia.

Lo que también es cierto es lo que venimos diciendo: en una ruptura de pareja hay dolor y lo hay en todas las personas directamente implicadas. Pero ¿y qué si lo hay? No sería tan terrible si no nos pareciera algo tan negativo. Ya hemos comentado que el dolor no nos gusta a nadie pero que, a veces, puede ser un gran maestro y podemos aprender de él. Esto no significa que haya que propiciarlo. Como dice nuestro admirado Antoni Bolinches, «lo que te propongo no es que sufras para aprender, sino que aprendas de lo que sufres». El dolor que es propio de la vida y se nos presenta sin ir a buscarlo es suficiente, y puede ser un buen aliado si sabemos escucharlo. Cuando viene hay que acogerlo, preguntarse por su sentido y hacer lo posible por extraer algo útil de él. Por la herida entra la luz, dice Rumi.

Tampoco hay que tomarle gusto. Me impresionó mucho leer lo que dice el médico y cirujano Mario Alonso:

que un minuto entreteniendo un pensamiento negativo deja el sistema inmunitario en una situación delicada durante horas. Sin embargo, esto no debería suponer que el hecho de sentir dolor nos angustie. Angustiarse por estar sintiéndolo o reprimirlo cuando lo sientes también tiene efectos perjudiciales.

En definitiva, hay que dejar que se manifieste el dolor, tratar de descifrar qué nos está diciendo, analizar qué nos reporta y, una vez ha cumplido su función, desprendernos de él. No conviene luchar en contra ni tampoco recrearnos. Lo más sabio es rendirse primero y soltarlo después. Si no nos permitimos el dolor, nos insensibilizamos, y si no lo soltamos, nos acabará debilitando y amargando profundamente.

Me parece que esto es lo que tenemos que hacer nosotras a partir de ya mismo. Soltar lo que tiene que ver con el dolor y a otra cosa, mariposa.

Hacer de la separación una lección de amor

Lo vamos a soltar pues, Cecilia, pero antes déjame que te diga que la manera como miramos las separaciones influye decisivamente en el grado de dolor y sufrimiento que pueden sentir tanto las personas que se separan como sus hijas, hijos y todo su entorno.

Si vemos las separaciones como una desgracia o una fatalidad, vamos a situarnos en una posición de víctimas que seguramente nos debilitará a toda la familia. Si las interpretamos como un abandono o una traición por parte de un miembro de la pareja al otro, estaremos propiciando que se formen bandos y que se tome partido por uno de los dos. Si, en cambio, las vemos como una realidad compleja pero natural, que a veces se da al margen de nuestras preferencias, pero que puede ser positiva o negativa dependiendo de cómo se afronte, estaremos potenciando la resiliencia o capacidad de extraer algún aprendizaje para la vida.

Una vez más conviene recalcar que esto no significa que podamos ahorrarnos todo el cúmulo de emociones ingratas, perturbadoras o difíciles de digerir, inherentes a una separación. Y lo que va a ser perjudicial no es el hecho de sentirlas. No es nada patológico experimentar desde rabia, tristeza o culpa hasta miedo, impotencia, frustración, angustia y otras similares. Lo que sí puede resultar realmente insano y traumático es que estas emociones se conviertan en una riada que lo arrasa todo o en un laberinto en el cual madres y padres se quedan atrapados de por vida, arrastrando consigo a sus hijos e hijas.

La clave está en ser capaces de acoger, expresar, calmar y transformar o trascender todo este cúmulo de emociones e ir orientándose, poco a poco, hacia la gratitud por lo bueno que, a pesar de todo, hubo en la pareja, comenzando por los hijos e hijas, que son lo más sagrado, y también hacia poder asumir la propia responsabilidad en aquello menos bueno. De esta forma, con el tiempo las heridas lógicas y naturales irán cicatrizando y renacerá de nuevo la alegría o una alegría nueva.

Una pareja que se separa y consigue convertir su pasado en común en una experiencia emocionalmente sostenible puede dar una lección de amor y respeto a sus hijos e hijas, tan bonita y poderosa —a veces incluso más— que si hubieran podido permanecer juntos o que si hubieran seguido por ellos/as, llevándose fatal. ¿No te parece profundamente conmovedor cuando esto ocurre?

«Por ti valió la pena»

Claro que es profundamente conmovedor, Eva. Pero para que esto sea posible, no basta con expresar y canalizar las emociones propias de la separación. También es preciso atender unas cuantas necesidades de las hijas e hijos a un nivel emocional profundo.

La primera y la más importante es que puedan seguir amando a ambos progenitores por igual. Esto implica dejarlos al margen de los problemas adultos y evitar que tengan que escoger o tomar partido. Los hijos e hijas tienen derecho a tenerlos a los dos en su corazón. Y, normalmente, no les interesa, incluso les agobia o incomoda, lo que haya podido pasar entre sus padres y madres como pareja. Para crecer sanos, necesitan también sentirse queridos y apoyados por ambos, estén juntos o separados.

Tan importante como esto es que los progenitores validen la relación que les unió, al menos por haber dado como fruto a esos hijos: «Por vosotros valió la pena». De esta forma, estos sienten que hay algo esencial que no se ha roto, que parte de lo que unió a sus padres sigue vivo, en alguna medida, a través suyo. Por eso decimos que podemos separarnos como pareja, pero nunca como padres. Retomaremos este tema en otro momento.

Otra necesidad vital es que el peso de la separación lo lleven madres y padres. Los hijos e hijas no nos tienen que cuidar ni sustituir a quien no está ni mediar entre nosotros ni tratar de arreglarlo o de reconciliarnos. Hay que decirles que estén tranquilos y que se relajen, que son asuntos nuestros y que nosotros nos ocupamos y lo resolvemos a nuestra manera. Y, aunque nos cueste un poco, sobre todo al principio, hemos de hacernos cargo de nuestro dolor, de nuestras responsabilidades y de todo lo que la nueva situación comporta. Las hijas y los hijos necesitan saber que mamá y papá son personas adultas y maduras que pueden resolver sus problemas y no permiten que sean ellos/as quienes carguen sobre sus espaldas lo que no les corresponde.

También es muy sano y necesario que, a partir de la separación, el otro progenitor no se convierta en tema tabú, que se le pueda nombrar sin suspicacias y se pueda hablar de las vivencias pasadas y presentes con absoluta normalidad. El hecho de separarnos no nos da ningún derecho a robarles a hijos e hijas una parte de su biografía, de sus recuerdos ni de lo bonito que hubo mientras estábamos juntos y que siguen teniendo con cada uno.

Fue bonito mientras duró

Quizá sea una de las cosas que más cuesta: reconocer lo que fue bonito mientras duró. Apropiarse de los buenos momentos, guardarlos en el recuerdo y poder rememorar su belleza. Después de una separación, a menudo parece que no haya habido nada bueno o que sea mejor olvidarlo. Y es de una grandeza de corazón inmensa ser capaz de mirar a esa persona con buenos ojos y de reconocer lo bueno que hubo.

En el momento de la separación hay una tendencia a desacreditar o a idealizar al otro y a verlo como la peor o la mejor pareja del mundo, y ni una cosa ni otra suelen ser ciertas. En casi todas las parejas ha habido un tiempo, más corto o largo, en que ha habido amor, y este muchas veces ha dado su fruto en unos hijos y, como bien acabas de decir, hay que poder reconocerlo y celebrarlo. A veces ayuda apoyarse en fotografías o en datos menos subjetivos como la visión de terceros, pues la mente tiende a tergiversar las cosas y a seleccionar solamente lo que nos reafirma en lo que estamos sintiendo en ese momento.

En realidad, no se está en condiciones de mirarlo hasta que no se han soltado al menos en parte la rabia y el dolor. Cuando se hace antes solo sirve para hurgar más en la herida o para contarnos un cuento de color de rosa habitualmente irreal. Una amiga mía, después de la separación, hablaba de su exmarido con unos arrebatos de romanticismo que nunca en la vida le habían dado cuando lo tenía al lado. Parecía que me hablara de otro. Esto normalmente no es amor. Es la idealización que produce la pérdida y a menudo es un delirio.

Vuelvo a lo que iba. No se puede apreciar lo bonito que hubo más que cuando se ha restablecido un cierto equilibrio emocional. Y estoy contigo en que es necesario ser capaces de apreciarlo, tanto por uno mismo como por nuestros hijos. Es maravilloso poder decirles serenamente y de corazón: «Tu madre y yo nos quisimos», o «Hubo un tiempo en que fuimos felices juntos», o «Yo me enamoré locamente de tu padre, aunque ahora las cosas hayan cambiado». A los hijos e hijas les suele gustar o sentar bien escuchar algo así.

Dar un lugar en el corazón

Primica querida, lo de «Tu madre y yo un día nos quisimos» o «me enamoré locamente de tu padre» es una frase marciana, de las que parecen de otro planeta, pero ser capaz de decirlo con serenidad, y sintiéndolo de verdad, supone algo tan necesario como dar un lugar en el corazón a una persona que fue muy importante en algún momento de nuestra vida. Por duras que sean las circunstancias, implica reconocer simplemente lo que fue y esto a la larga nos permite quedarnos en paz.

Aunque ya no seamos pareja, y por mucho que las cosas hayan cambiado, esa persona estuvo a nuestro lado un tiempo. Con ella recorrimos una parte más o menos larga del camino y probablemente hubo una época en que nos apoyamos, nos amamos y nos gustaba estar juntos. E incluso tal vez quisimos que durara siempre. Pero la vida tiene sus propios planes y propósitos, que no siempre coinciden con los nuestros, y, a veces, aquello que al principio era bello y bueno y nos hacía felices se convierte en una fuente de problemas, o deja de satisfacernos o de hacernos el bien que nos hacía, y no siempre es posible restablecer la buena sintonía inicial y salir adelante.

Cuando esto es así, cuando algo que comenzó con buenos propósitos se estropea o toma un rumbo no deseable, nada de lo que hubo se pierde. Por el hecho de separarnos, no se le puede quitar a una relación lo bueno que tuvo ni a la persona que fue tu pareja lo que vale y sigue valiendo. La prueba es que, aunque tú ya no la valores como antes, puede llegar a ser muy feliz con otra persona.

No te imaginas el barullo que se armó, una vez que fui a dar una charla en una asociación de separados/as, cuando les dije que ni las personas ni lo que hubo entre ellas pierden valor al separarse. «¿Valor, dices? Para valor el que ha tenido de dejarme después de tantos años…», me replicaron. Les conté que el hecho de que pongan verde a su expareja no significa que no pueda ser un encanto de persona. Se produjo de nuevo un murmullo general: «Si conocieras al mío, verías qué encanto…». Se resistían todavía más cuando les dije que la única manera de poder soltarse realmente de esa persona es agradeciendo lo que compartimos. Como muchos ya me habían escuchado otras veces, poco a poco se fueron dando cuenta de que algo de verdad hay en ello. Y es que nada se puede borrar, negar o ignorar. Es más, a menudo, lo que tratamos de evitar nos persigue y se nos presenta de manera reiterada, bajo distintas formas, hasta que logramos asumirlo.

El divorcio que nos une

Vaya que sí, Sesilia mía. Cuanto más queremos distanciarnos de la expareja, más atrapados nos tiene y más atados seguimos a esa persona.

Por otra parte, hay cosas que el divorcio no separa y no puede separar. Cuando hay hijos e hijas en común, por ejemplo, pone fin a la convivencia pero no al vínculo ni a la relación, o al menos no debería ponerlo, sobre todo cuando estos/as son menores. El padre o la madre de tus hijos puede irse de tu casa y de tu cama, pero no de tu vida. Dos personas pueden separarse como pareja, pero nunca como padres.

Estoy contigo en que podemos considerar que se ha logrado superar de verdad una ruptura de pareja cuando se es capaz de agradecer lo que esa persona representó, te dio o aportó —hasta dónde fue capaz—, y seguir adelante con tu vida, sabiendo que en los hijos permanecemos juntos y tratando de mirarnos con buenos ojos. Esto es especialmente importante si aparece en su camino o en el tuyo una nueva persona. Pero hay que recalcar de nuevo que muchas veces no es nada fácil ni se consigue de la noche a la mañana.

Como bien dices, me parece muy necesario dar ese lugar en el corazón al padre o madre de tus hijos. Por varias razones. En primer lugar, porque lo que no superamos se lo dejamos como herencia emocional. En segundo lugar, de cara a iniciar una nueva relación, algo nuevo funciona siempre mejor a partir del agradecimiento o reconocimiento de lo anterior. Finalmente, porque, si no lo hacemos por nuestra cuenta, nuestros hijos e hijas buscarán la manera de que lo hagamos. Si no le damos el reconocimiento que es debido, se encargarán de mostrarnos de algún modo que su padre o su madre siguen existiendo y siendo importantes para ellos, por ejemplo, comportándose como él o ella lo haría.

Es curioso, porque normalmente cuando los hijos e hijas reaccionan como lo haría su padre o madre «ausente», el otro progenitor lo vive fatal. Cuando ve reflejada en el hijo o hija alguna actitud que detestaba en la expareja, se pone de los nervios y no se da cuenta de que, a veces, lo que en realidad le está pidiendo el hijo/a con su actitud es que mire al otro y lo valide como tal. Este es un ejercicio muy necesario y resulta imposible cuando se está instalado en la rabia, el resentimiento o la arrogancia. Puede que el hombre o mujer con quien nos emparejamos ya no nos sea válido como pareja, pero en algún momento lo fue y, sin duda, sigue teniendo el mismo valor para nuestros hijos/as. Hace falta humildad y bondad para aceptarlo sin reservas y decirle honestamente y con todo nuestro cariño a un hijo o hija: «Tu madre es una buena mujer (o tu padre es un buen hombre) y sabes que te quiere».

Me gusta que te parezcas a tu padre (o a tu madre)

Vamos a ver, Evica:

Conque «Tu padre es un buen hombre» o «Tu madre una buena mujer y sabes que te quiere», ¿eh? Ya veo que seguimos con frases marcianas. Pues, para no ser menos, aquí van unas cuantas más. Puede que suenen muy normalitas si pensamos que las dicen un padre o madre que no están separados, pero es para darles un diploma si las dicen cuando se han separado.

Ahí va la primera:
Vamos a suponer que un hijo se queja ante su padre de algo que su madre quiere que haga y que él no quiere hacer. Algo, dicho sea de paso, muy propio de los hijos e hijas en general. Aliarse con el progenitor presente en contra del ausente es algo bastante habitual, a veces. Pero este padre está emocionalmente centrado y, en lugar de utilizarlo para ganar puntos, le responde a su hijo: «Si tu madre lo quiere así, hazlo así», en lugar de decirle: «A tu madre no hay quien la aguante».

La segunda:
Vamos a suponer que es una madre consciente de que no es lo más conveniente decirle a la hija: «¿Quién me mandaría a mí casarme con tu padre?», o «Tu padre por ahí la mar de tranquilo y pasando olímpicamente de ti», o cualquier otra lindeza parecida, y, haciendo gala de una

extraordinaria lucidez, le dice: «Tu padre es el mejor padre. Lo hace lo mejor que sabe y lo mejor que puede y a mí me gusta que le respetes».

Y la tercera:
Un hijo muestra una cualidad de la madre ante el padre, y este, que puede que haya acudido a terapia o realizado un proceso de transformación personal, es capaz de decirle de corazón: «Yo un día me enamoré de tu madre y me gusta que en algunas cosas te parezcas a ella». Esta ya es para darle el Premio Nobel de las separaciones.

Querer cuando ya no se quiere

Ja, ja, ja... Las dos primeras aún, Mari Ceci, pero la tercera, la de «Me gusta que te parezcas a tu madre» es pura ciencia-ficción. Aunque para frases marcianas, luego te digo la más plus de todas en este tema de las separaciones. De momento, la dejo en suspense...

Primero voy a las tuyas. ¿Que suenan normalitas, dices, en parejas que están juntas? Me parece, amada mía, que de normalitas tienen muy poco. Dudo mucho que los padres o madres que no se han separado utilicen habitualmente este tipo de frases en la comunicación con sus hijas e hijos. ¿En tu pueblo la gente va diciendo: «Si tu madre lo quiere así, hazlo así», «Tu padre es el mejor padre y me gusta que le respetes y le hables bien» o «Me gusta que te parezcas a tu madre»? En el mío, no.

El secreto para poder decir estas frases cuando te separas, está en ser capaz de querer cuando ya no se quiere. Solo quien consigue poner en práctica una nueva forma de amor y respeto después del desamor es capaz de pronunciarlas con sinceridad. Para ello hay que volver la vista atrás y rememorar lo que nos enamoró de nuestra expareja; el lugar en el corazón hay que dárselo a esa persona. Identificarse con el hombre o la mujer que son ahora puede ser misión imposible. Por eso te decía antes lo de las fotos, porque ayudan a reconectar con sentimientos que existieron y que en su momento fueron bonitos, pero luego se diluyeron en el túnel del tiempo y quedaron tapados por otros posteriores menos agradables. Difícil tarea, en cualquier caso. No olvidemos que estamos hablando de la expareja, por lo que es relativamente fácil que puedan resurgir emociones difíciles de manejar y reavivarse determinados sinsabores.

Una vez, en una charla, invité a madres y padres a pensar en algo que les encantara de sus parejas o exparejas para decírselo a sus hijos e hijas. Un padre separado me dijo: «Yo siempre les recuerdo lo ricas que estaban las albóndigas que hacía su madre». Casi me da la risa, pero también sentí mucha ternura, al menos algo le reconocía y por algo se empieza.

¿Sabes lo que pienso a veces? Que en el fondo escribimos estas cartas para inventar realidades que todavía no existen, con el anhelo de que lleguen a existir algún día.

En cualquier caso, quien tenga hijos/as y no sea capaz de relacionarse con su expareja desde el respeto, lo tiene crudo porque la sombra de esta va a seguir planeando por su vida lo quiera o no. Ha habido temporadas que mi exmarido y yo hemos tenido que hablar casi a diario de asuntos relacionados con nuestros hijos. Como te hayas separado pensando que así no tendrás que «aguantarle» nunca más, lo llevas claro. No necesariamente hay que ser amigos ni tiene por qué resultarte grata la relación, pero sí hay que actuar de buen corazón y lograr que sea civilizada, cordial y respetuosa, aunque a veces cueste.

Tú y yo ya no somos pareja

Creo que se equivocan, nena, quienes, una vez separados, pretenden seguir comunicándose como si fueran amigos o todavía fueran pareja.

Conozco un caso en que el exmarido llamaba a su anterior mujer para contarle sus aventuras y pedirle consejo sobre sus nuevas relaciones. Ella lo pasaba fatal, pero siendo su confidente sabía por dónde andaba y mantenía la esperanza de volver con él.

Muchas veces creemos que decir lo que se piensa y lo que se siente en cada momento es muy maduro, y no siempre es oportuno decirlo y mucho menos a la expareja. Aprender a reconocer y expresar adecuadamente nuestros sentimientos es muy importante y necesario, pero hay que saber distinguir también lo que vale la pena decir y lo que no, y a quién se lo podemos decir y a quién no. Salvo ciertas excepciones, la expareja no es la persona más indicada para confesarle abiertamente lo que sentimos, y en los primeros tiempos de la separación todavía menos. No olvidemos que si entre esas dos personas se diera la sintonía emocional necesaria para una comunicación honesta y fluida, es bastante probable que siguieran juntas.

Muy especialmente cuando uno de los miembros de la pareja se queda en la rabia, el otro no tiene a veces otra opción que tomar distancia y esperar a que se calmen los ánimos. Si no, puede convertirse en un sinvivir.

Cada vez que hablen comenzarán de nuevo las acusaciones, las broncas y los reproches, y la relación no hará más que empeorar.

Algunas personas vienen a la consulta y me dicen: «Es que no quiere hablarme, es que no me contesta al teléfono, es que me niega hasta el diálogo...». Yo entonces les pregunto: «¿Cómo le tratas cuando habláis, cariño mío? ¿Lo haces de una forma educada, eres capaz de mantener la calma, respetas sus motivos, le escuchas sin juzgarle, aceptas vuestra nueva situación...? [Con la cara que ponen me responden]. ¿Cómo va a querer hablarte si no haces más que acusarle y recriminarle? Si hay algo que te enoja y te enrabia, háblalo aquí conmigo, con una amiga/o, un hermana/o, con quien quieras, pero no con tu expareja. No puedes seguir tratándole como si todavía estuvierais juntos. Ya no sois pareja». Hay que llamar a las cosas por su nombre y habría que poder decir claramente y sin perder los nervios: «Tú y yo ya no somos pareja y hablarnos como si todavía lo fuéramos nos confunde, nos indispone y no nos ayuda».

Mirar a la expareja con ojos nuevos

¿Qué te parece, Cecilia, si a este libro le ponemos por título *Frases marcianas sobre las rupturas de pareja*? ¿No me dirás que «Tú y yo ya no somos pareja y hablarnos como si todavía lo fuéramos no nos lleva a nada bueno» no es otra? ¡No hay que tener valor ni compostura para soltarla!

En realidad, las frases por sí solas no cambian nada, la clave está en haber realizado un proceso personal que ayude a asumir la separación y permita decirlas con entereza y respeto.

Otra cosa que ocurre es que a partir de la separación se siguen rumbos distintos y se evoluciona de forma diferente. Hay personas que cuando se separan se transforman, algunas incluso rejuvenecen. La separación les supone una bocanada de aire fresco que les permite desarrollar nuevas facetas y vivir y relacionarse de otra manera, por lo que es más que probable que, aquella persona con la que un día convivimos, ya no sea la misma que era con nosotros y es imposible, por tanto, que la relación pueda establecerse en los mismos términos de antes.

Sin embargo, cuando tratamos a la expareja, normalmente nos seguimos dirigiendo a la persona que fue a nuestro lado. No resulta sencillo aprender a mirarla con ojos nuevos. Solemos verla casi siempre con los ojos de ayer, con la mirada contaminada o deformada por el recuerdo que guardamos de ella o de lo que vivimos con ella y, sobre todo, de lo ocurrido en la última etapa de la relación. Pero sus circunstancias, lo mismo que las nuestras, han variado, y cuanto antes admitamos que los tiempos y las personas cambiamos, mejor.

Todo esto es bastante difícil de asumir a veces, especialmente cuando la transformación de la expareja ha sido a mejor, cuando vemos que ahora es más atento/a, se arregla mejor o sonríe más. Hay quien se alegra por él o ella, pero creo que son bastantes más personas las que no lo soportan o se lo toman a mal. A mí me dolería ver al padre de mis hijos hundido; me siento mejor si le veo feliz. Si te soy sincera, lo que más deseo respecto a él es que esté bien.

Contigo no podía ser así

Bueno, bueno, bueno... Eva. Ni te cuento la rabia que les da a algunas/os cuando los ven más guapos, o más guapas, y más felices. Lamentablemente, esto a veces conduce a trágicos desenlaces, sobre todo para las mujeres. No es el tema de nuestro libro pero sí quiero dejar constancia de ello.

Dejando a un lado los casos de maltrato, son muchos los hombres y mujeres que sobrellevan mejor la separación si ven que el otro se ha quedado hecho polvo y no levanta cabeza, que si le ven bien.

Algunas/os vienen y me dicen: «Conmigo no era así». Como si estuviera prohibido o fuera malo cambiar. Una vez vino a verme una mujer que se pasó todo el rato quejándose de un montón de cosas que hacía su exmarido con su nueva pareja y que nunca en la vida había hecho con ella. Lo sabía por su hija, que era la que le pasaba el parte cada vez que volvía de casa de su padre. Que si ahora pone la mesa y lava los platos y en casa no hacía nada, que si va a comprar y antes no quería ir nunca, que si salen por las noches y cuando estaba en casa se acostaba temprano siempre, que si antes solo pensaba en el trabajo y ahora tiene tiempo para todo, que si se cuida más y viste mejor... Me lo decía con una rabia tremenda.

«Contigo no podía ser así», les digo yo; son las circunstancias —que han cambiado— las que le permiten ser de otra manera. Les digo también que toda nueva relación supone una nueva oportunidad de madurar y transformarse, y que personas distintas sacan de nosotros cualidades y facetas distintas, pero normalmente no atienden a razones y lo que hacen es echárselo en cara a la expareja a la primera oportunidad que se les presenta: «Antes no eras así».

A veces, te lo digo de verdad Eva, me darían ganas de decirles: «Si yo fuera tu marido o tu mujer también me quedaría más rato en el trabajo o me acostaría pronto para no tener que aguantarte». Hay personas que le amargan continuamente la vida a su pareja, no les parece nada bien, no les permiten ninguna iniciativa, les reprochan todo lo que hacen, les dicen «qué soso/a eres» cuando no dicen nada y «no digas tonterías» cuando hablan. Si estas personas se separan e inician una nueva relación con alguien que las valora y las acepta tal como son, se transforman de una forma sorprendente y la expareja se cabrea aún más.

Maldita separación o por qué tuve que casarme yo con este

Acabas de aludir al cabreo de aquella mujer y estoy pensando, Cecilia, que hemos hablado bastante del dolor pero menos de la rabia, que es otro de los sentimientos naturales e inherentes a toda separación. Todas las personas que se separan, incluso las que consiguen hacerlo de formas más o menos saludables, la sienten en mayor o menor medida. Es más, yo diría que no es posible dar ese lugar en el corazón a la persona que fue tu pareja, y que es el padre o madre de tus hijos, si no se ha expresado y se ha dado salida a la rabia, que en determinados casos puede ser mucha. Y añadiría que, aunque seas capaz de darle a la expareja un lugar en tu corazón, es probable que en momentos puntuales vuelvas a sentirla. Si la sentimos a veces hacia otras personas muy próximas y queridas, ¿cómo no vas a sentirla, en ciertas ocasiones, hacia quien fue tu pareja?

Durante todo este tiempo, me he fijado mucho en cómo hablan las personas separadas de sus exparejas y me ha sorprendido gratamente ver que no todas lo hacen con odio y resentimiento. Son cada vez más los que procuran hablar del otro con respeto. Pero también me he dado cuenta de que a la mínima que se descuidan, o cuando se sienten en confianza y se distienden, se sueltan de la lengua y aflora irremediablemente esa rabia que en mayor o menor medida hay. Muchos te dicen: «Yo me llevo muy bien con mi ex, pero...», y lo que viene detrás del «pero» es pura dinamita a veces.

Todas las rabias son legítimas: la que siente quien lamenta que su expareja haga con otra persona lo que nunca hizo con ella; la de quien piensa que está pagando una pensión desorbitada o injusta; la de quien considera que no tiene la ayuda suficiente de su expareja en el cuidado de hijas e hijos; la de quien no siente se correspondido/a o reconocido/a respecto a lo que ha dado o entregado en su anterior relación; la de quien ha sido dejado/a por el otro y no quería separarse…

Decir en algunos momentos: «Maldita separación», «¿Por qué tuve que casarme yo con este/a?», o simplemente: «Que le den morcilla» también forma parte de la película y puede tener incluso un efecto reparador. Somos muchas las personas que nos hemos separado y nos sentimos así en algún momento. Un día me decía una madre que ella sentía afecto verdadero por su expareja, pero que también se alegraba mucho de no tenerlo ya en casa, que había veces que después de hablar con él no podía dejar de pensar «qué suerte que ya no estemos juntos». El cariño que uno puede llegar a sentir por su ex no es real ni es creíble sin esta parte del guion. Hay personas que dicen no sentir esa rabia y luego les sale por la puerta de atrás, y eso es peor.

Un poco de mal rollete tiene su gracia y puede ser reparador

Es verdad, Eva, ¿para qué vamos a negarlo? Igual que no sería bueno quedarse en la rabia siempre, tampoco es natural no sentir ni un ápice. Este es uno de los temas que teníamos pendientes de comentar: el del duelo que representa toda separación y los distintos sentimientos que hay que ir atravesando sin más remedio, entre ellos la rabia. Me gusta mucho cuando aportas esta visión más realista que tenéis las personas que os habéis separado.

Un poco de mal rollete incluso tiene su gracia, ¿no crees? Da vidilla. Tengo una clienta que cada vez que me habla de su expareja me muero de risa con ella. Cada día le ve un defecto nuevo, pero me lo cuenta de una manera muy graciosa, sin mala fe, y eso es muy saludable. Como tú decías, despotricar un poco sirve de alivio y puede ser muy reparador. Y remarco lo de «un poco». El límite lo marca la frontera entre lo que es una rabia natural y la que deriva en patológica o dañina. Todas las personas, y las que se separan no van a ser menos, tenemos derecho a estar enfadadas, pero una cosa es estar enojada y otra muy distinta ser crueles y dedicarnos a alimentar el odio contra alguien que, además, ha sido una parte tan importante de nuestra vida y de la de nuestros hijos e hijas.

Lo que yo veo es que en ciertas ocasiones la rabia es fruto de que una de las partes o ambas no se sienten suficientemente reconocidas. Es muy habitual que en una separación haya una que se sitúe por encima de la otra, o dé mucho más que la otra, y esto genera mucho enfado por parte de quien queda en desventaja.

En ocasiones también es verdad que uno puede hacer un intento de dar ese reconocimiento y el otro rechazarlo. Tengo un cliente que escribió una carta a su primera mujer diciéndole todo lo que había significado para él y se la devolvió sin abrirla. Pasado un tiempo lo probó de nuevo y esta vez le contestó si se creía que con cuatro palabras bonitas iba a arreglarlo todo. A él le dolió mucho porque esas palabras bonitas nacían de un sentimiento auténtico, pero cuando no se dan la sensibilidad o receptividad necesarias por parte de la otra persona, no hay nada que hacer.

Por cierto, hace ya un rato, me habías prometido una frase marciana de mucho cuidado y estoy impaciente por que me la digas, no sea que nos vayamos metiendo en otros temas y luego se nos olvide.

«Me consta que la otra es una excelente persona»

Tachán, tachán… ¿Qué te parece? ¿A que es verdaderamente de otro planeta? También podría decirse en masculino, pero la pongo en femenino porque fue exactamente así como me la dijeron la única vez en mi vida que la he escuchado. Así que ya ves que no me la he inventado yo.

Me sorprendió enormemente porque «la otra» es siempre una auténtica bruja.

¿Dónde se ha visto, querida Cecilia, que «la otra» sea una excelente persona? Me sorprendió todavía más el hecho de que me la dijera una mujer a la que su marido le había pedido el divorcio para irse con «la otra». Me lo dijo como si nada y, por el tono y la mirada, que pocas veces engañan, sentí que me lo decía muy de verdad. Estuve a punto de hacerle un homenaje. «Pero ¿tú te das cuenta de lo que acabas de decirme?», le dije completamente asombrada y sin dar crédito a lo que acababa de oír. «Es que me consta que así es —me contestó con increíble aplomo—. Por lo que me cuenta mi hijo y los detalles que voy viendo, no puedo pensar otra cosa».

Según tú, bien divorciados, hace quince años había cuatro, y en estos momentos hay ocho. Pues que opinen que «la otra» es una excelente persona yo sigo conociendo solo a una. Hay algunas mujeres y también algunos hombres que hablan bien del nuevo compañero/a de su expareja, pero convendrás conmigo que el mérito en este caso está en el hecho de considerar una excelente persona ni más ni menos que a la mujer con la que su exmarido «se largó».

De todas formas, del mismo modo que me parece compatible tenerle cierta grima a la expareja y sin embargo alegrarse de que esté bien, me parece igualmente saludable ser capaz de considerar a «la otra» una buena persona y, al mismo tiempo, que te caiga un poco mal. Es muy humano y, mientras no sea dañino ni repercuta negativamente en la convivencia e impida mantener unas relaciones normales, o al menos «educadas», no hay de qué preocuparse, ¿no te parece?

La relación puede terminar, pero el vínculo permanece

Impresionante la frasecita, querida Eva. Esta va a ser difícil de superar. Otra de Premio Nobel, desde luego. Son muy pocas las mujeres y los hombres capaces de llegar a estos niveles de comprensión. Es más, muchas veces, incluso estando ya separados, en el momento en que uno de los dos comienza a ir con otra persona, resurgen la rabia, los celos, el resentimiento y se recrudece de nuevo la relación. En algunos casos, por desgracia, con trágicas consecuencias para las mujeres, como comentábamos hace un rato.

Estoy completamente de acuerdo en que no es incompatible tenerle cierta grima a «la otra», «al otro» o a la expareja y, a la vez, ser capaz de mirarle con buenos ojos. Somos seres humanos, no ángeles, y en ocasiones una bondad tan extrema no es creíble. Es muy normal que te caiga mal a veces, poderlo decir y poderte reír de ello, y al mismo tiempo seguir respetándola como persona. Ser capaz de armonizar todos estos sentimientos contradictorios es una auténtica filigrana y un claro síntoma de buena salud emocional.

Hace rato que voy pensando que la influencia de cierto sector de la Iglesia —y recalco lo de cierto sector, porque no es toda— tiene algo que ver en varias de estas cuestiones. En la del sufrimiento, por ejemplo, la doctrina más rancia y ortodoxa fomenta las actitudes victimistas. En lo de mirar con malos ojos a «la otra» subyace una cuestión biológica, antropológica y misógina por un lado y, la idea de pecado, por otro. Sin embargo, en el precepto de seguir unidos hasta la muerte veo una cierta concordancia de fondo con lo que estamos diciendo, de que nunca se puede romper por completo un vínculo que ha sido intenso y profundo, y menos aún cuando ha dado un fruto en unos hijos/as. Una relación puede terminar, pero el vínculo permanece. No obstante, no es este el sentido que se le da desde la Iglesia y es una pena, porque sería más comprensible y reparador si se nos diera a entender así.

No quiero ahondar en este tema. Lo que sí veo es que algunos clientes míos creyentes tienen verdaderas dificultades en el momento de la separación para armonizar sus sentimientos íntimos con sus convicciones religiosas. Se sienten profundamente mal y la religión, en lugar de ser una ayuda, que es lo que yo creo que debería ser, se convierte para ellos en un problema adicional. El hecho de excluir, por ejemplo, a los divorciados que contraen nuevamente matrimonio civil aleja a algunas personas con muy buen fondo y calidad humana. Lo dejo aquí porque para tratar a fondo este tema tendríamos que dedicarle varias cartas y, aparte de que nos desviaríamos de nuestro cometido, no quiero abrir este melón.

Paradojas en torno a las separaciones

Comparto totalmente lo que dices sobre cierto sector de la Iglesia y los matices con que lo dices, Ceci.

Hay algunas cosas bastante duras de llevar para quienes hemos sido educadas en una serie de valores cristianos que seguimos manteniendo y a los que debemos parte importante de nuestra identidad. La religión está en las raíces de nuestra cultura y a mí personalmente me ha aportado mucho y bueno. Además, hay sectores de la Iglesia que han evolucionado en una línea muy humanista e integradora, y personas concretas en las que siempre he hallado un gran apoyo y respeto y por las que nunca me he sentido juzgada.

Lo más difícil de asimilar, al menos para mí, es la paradoja que representa excluir, por el mero hecho de separarse y volver a casarse civilmente, a una serie de personas con ese buen fondo y calidad humana de la que hablas, y que en cambio haya cuestiones mucho más graves que se pasen por alto, como puede ser, por ejemplo, dar lugares relevantes o tener atenciones especiales, en actos religiosos o en el mismísimo Vaticano, para con determinados mandatarios mundiales que no se distinguen precisamente por sus buenas obras.

En la película *El hijo de la novia*, de Juan José Campanella, hay una escena en la que se ve reflejada una de las paradojas de la Iglesia en este sentido. El hijo (Ricardo Darín) acude a la Corte Suprema del Derecho Canónico a solicitar permiso para que su padre pueda casarse con su madre, que padece Alzheimer, y cumplir de esta forma con el sueño de toda la vida de la mujer. El permiso le es denegado por no darse una de las condiciones básicas para el matrimonio: el discernimiento. En un diálogo lleno de chispa, «el hijo de la novia» se queja ante el sacerdote de que se consienta que se casen tantas parejas jóvenes completamente cegadas por el enamoramiento y sin ningún tipo de discernimiento, y que años después, cuando quieren separarse y el discernimiento es, según él, «espantoso», no se les permita hacerlo.

Es ciertamente así y es una paradoja realmente difícil de asimilar. La decisión de casarte la puedes tomar bastante alegremente, sin la experiencia, la consciencia y la madurez que requiere una decisión de esta trascendencia, y no nos ponen grandes trabas para ello. Sin embargo, cuando te separas, que muchas veces es una decisión bastante más meditada y reflexiva, te ponen todo tipo de impedimentos para conseguir la nulidad. Incluso puede darse el caso de que conozcas a otra persona, con la que comenzar una nueva vida más acorde con muchos de los valores religiosos, y se te excluye igualmente. ¿No acertaste a la primera? Pues te aguantas.

«Lo único que necesito es tu respeto»

Totalmente de acuerdo, Evita querida.

Pero no es solamente con las paradojas de la Iglesia con las que hay que lidiar cuando te separas, o con los juicios o la oposición de tu familia, tus amistades y tu entorno social, que ya hemos comentado. A veces te toca sufrir también determinadas actitudes de los hijos e hijas. Por ejemplo, cuando van de «perdonavidas».

Una muchacha de veinte años me dijo una vez: «Yo les comprendo y les perdono a mis padres el daño que me han hecho con su separación». Su tono era muy arrogante y no estábamos hablando para nada de un caso de maltrato o abandono por parte de sus progenitores, por lo que me dieron ganas de responderle: «Pero ¿qué tienes tú que comprender y perdonar a tus padres? ¡Respetando, que es gerundio, y se acabó!».

Actitudes arrogantes como esta son más frecuentes de lo que pensamos. La reacción inversa, la de «no se lo voy a perdonar en la vida» es también habitual e igualmente arrogante. En ambos casos, las hijas y los hijos se erigen en jueces de sus madres y padres, y sentencian que merecen el perdón y la comprensión o que no lo merecen.

A veces puede haber una buena intención real, pero inadecuadamente expresada, de querer comprender y aceptar la realidad que les ha tocado vivir, aunque cuando es así no se percibe prepotencia en el tono ni en las formas.

Date cuenta de la necesidad de que, ante actitudes como estas, los padres y madres sean capaces de recolocar amorosamente a su hijo o hija en su sitio y le puedan decir: «Cariño, tú no me tienes que perdonar por haberme separado, tampoco te pido que te guste o que lo apruebes, lo único que necesito y te pido es que lo respetes».

Podemos aceptar que les duela, que les fastidie, que no sea de su agrado, que lamenten y se quejen de que no sigamos juntos, pero no que nos juzguen, que se crean los/as únicos/as que lo están pasando mal o que cuestionen nuestras decisiones.

Tú en tu cama, yo en la mía

Qué importante lo de «recolocar amorosamente al hijo o hija», Cecilia. Porque si para poner freno a su arrogancia nos ponemos chulas nosotras con un: «Pero ¿tú quién te has creído que eres o que vas a tener que perdonarme a mí?», vamos a empeorar seguro la situación.

Por dolorosa que les resulte la decisión, no tienen ningún derecho a juzgarnos. Los padres y madres también sufrimos y ración doble o triple, pues lo hacemos por ellos, por nosotros mismos y por nuestros propios padres, familias y entorno.

Sin embargo, para marcar unos límites claros en este sentido, es necesario que no estemos atenazados por la culpa y que vean que somos capaces de responsabilizarnos de nuestras decisiones y sostenerlas, por más que nos duelan y les duelan. Ya hemos aludido a lo que ocurre cuando el padre o la madre se sienten culpables por la decisión tomada. Lo más probable es que no tengan fuerzas para marcar unas normas claras, y, desde ese sentimiento de culpabilidad que los invalida, permiten a los hijos cualquier cosa. A veces, también ocurre lo contario: que padres y madres exijan a hijas e hijos una complicidad contra el otro o bien un apoyo y unas responsabilidades abrumadoras, que no les corresponden y condicionan fuertemente sus vidas.

Conozco el caso de una pareja: cuando el marido se marchó de casa, el hijo mayor, que tenía nueve años, la primera noche de estar solos en casa sin el papá, se levantó de madrugada, se metió en la cama de la madre y le dijo: «No te preocupes, mami, que no vas a dormir sola, yo dormiré contigo». ¿Sabes hasta qué edad estuvo durmiendo con la madre? Hasta los catorce años. Ella al principio estaba encantada, pero luego tuvo que buscar ayuda terapéutica cuando tuvo una nueva pareja y no pudo comenzar a convivir con ella. Su cama estaba ocupada por su hijo y no era capaz de decirle que se marchase a la suya.

En este caso, el problema no era solo que la madre no pudiera compartir la cama con su pareja, era que el hijo creyera que él podía ocupar el lugar del padre, un lugar que no le correspondía y no le permitía crecer como un chico de su edad, con los problemas propios de un adolescente. Era súper responsable, muy exigente y excesivamente cuidador con la madre, controlador con los hermanos y no disfrutaba con las cosas de los chicos de su edad.

Es estupendo que hijas e hijos pueden ir un rato a la cama de los padres; a mis hijos les encantaba hacerlo los domingos por la mañana, pero dormir juntos siempre suele ser síntoma de algún desorden. Para mí, es más cómodo y saludable que cada cual duerma en su cama.

El momento más difícil

Mi querida Eva, yo también prefiero que cada cual tenga su cama.

Hoy te voy a confesar un secreto, que tiene que ver con otra cosa y espero que me sigas queriendo igual y que sigamos con estas cartas. Cuando hay una película que me gusta mucho, mucho, y tiene un final triste o dramático, la vuelvo a ver una y otra vez, y siempre con la esperanza infantil de que alguna circunstancia o alguno de los protagonistas pudiesen cambiar ese final, y esta esperanza la mantengo hasta el último minuto. Pero otra vez se repite la tragedia y me vuelvo a quedar hecha polvo. Qué ilusa, ¿verdad?

Pues bien, desde hace un tiempo, me he dado cuenta de que lo mismo me ocurre con el trabajo con parejas en el tema de las separaciones. Cuando llega una diciendo que se quieren separar y que lo quieren hacer muy bien para que sus hijos no sufran, porque ya es bastante lo que va a suponerles la separación, como para encima hacerles pasar por juicios, peleas, discusiones, etc., yo me digo: «Ya empieza la misma película y el final ya me lo conozco, pero ¿es posible que esta vez acabe diferente?». Y vuelvo a tener esperanza, que me dura hasta la primera denuncia.

Aunque haya muy buena voluntad de hacerlo bien hasta el final, es fácil que, en algún momento, las buenas intenciones se tuerzan. Pero el hecho de que les preocupe el bienestar y la seguridad de sus hijos, y de que busquen ayuda para hacerlo lo mejor posible y no añadirles más sufrimiento, suele dar buenos resultados, al menos en cuanto a la manera de comunicarles la decisión de separarse.

A menudo, el momento más doloroso y difícil de una separación es, precisamente, el de decírselo a los/as hijos/as, y en ese instante sí que normalmente una mayoría de padres y madres —al menos los que vienen a mi consulta— son capaces de unirse para decidir, de común acuerdo, las tres cuestiones fundamentales: *qué* decirles, *cómo* decírselo y *cuándo* decirlo. Estas cuestiones no sirven solo para hijos e hijas, sirven también para el resto de familiares de la pareja.

Saber anteponer el amor a las hijas e hijos

Querida Cecilia:
Te puedo asegurar que es realmente así. El peor momento de una separación es, como bien dices, el de comunicárselo a los hijos. Tanto es así, que muchos padres y madres se echarían atrás y algunos lo hacen. Cuando se acerca este momento, se desdicen. En mi caso, en el instante anterior a hablar con nuestros hijos, a pesar de tener clara la decisión, nos surgieron dudas y nos volvimos a preguntar una vez más si no había realmente ninguna forma de arreglarnos para evitarles ese mal trago.

¿Sabes lo que me sigue pareciendo realmente complicado? Que una pareja que muy probablemente tenga —y haya tenido— problemas de comunicación, tenga que sentarse a hablar de algo tan delicado y a unificar criterios, en un momento en que los dos, o al menos uno de ellos, están medio rotos por dentro. Pero, desde luego, el amor a los hijos es un gran motor que puede superar muchos obstáculos y barreras. Tienen que comunicárselo por narices, y en la capacidad de sentarse a pensar en ellos y de anteponer el bienestar de estos a las emociones propias es donde se demuestra la madurez de la persona. Ahí se ve dónde hay una persona adulta capaz de sobreponerse a los peores momentos, de asumir sus responsabilidades y discernir claramente lo que tiene que decir y lo que tiene que callar, aunque se sienta a morir.

Te he escuchado muchas veces que no se le tendría que decir nunca a un hijo o hija: «Papá no nos quiere y nos deja», o «Mamá se va porque para ella hay otras cosas más importantes». Los motivos de una separación incumben solamente a la pareja y entiendo que esto para un hijo o hija es una información que no necesita y que no sabe qué hacer con ella. La mayoría no son capaces de expresar el dolor de forma directa, diciendo: «Por favor, no me digáis esto, que me duele». Como tampoco lo somos la mayoría de personas adultas para decir: «Tienes razón, lo siento». Estas cosas se dicen para empujarles a colocarse al lado de uno o del otro, y lógicamente se colocarán cerca del que es abandonado, o del que aparentemente sufre más, pero su alma estará también con el que se va, aunque no sea consciente de ello.

Pero, claro, a veces es muy cierto que uno de los progenitores no quiere separarse o también es verdad que hay uno que se marcha porque se va con otra persona. Mi pregunta es qué decir en estos casos. Porque los hijos e hijas se pueden enterar o se van a acabar enterando igualmente.

Papá y mamá hemos tomado una decisión...

Te voy a responder, Eva, lo que a mi modo de ver es fundamental, aunque no sea lo más políticamente correcto. Si las personas fuéramos más conscientes de que la pareja no es propiedad nuestra, de que nadie es dueño de nadie y de que no tenemos absoluto control sobre el rumbo que puede tomar una relación, aunque doliera igual, se asumiría con más naturalidad si papá o mamá se van con otra persona, y no se dirían ciertas cosas que solo hacen daño y que muchas veces no son ni siquiera ciertas.

Pero vayamos por partes. Para empezar, es aconsejable que, una vez tomada la decisión en firme, los hijos e hijas se enteren por boca de los padres. Muchas parejas se lo comunican primero a sus familiares o a amistades, y esto les puede dar fuerza, pero los hijos/as tienen que ser también de los primeros en saberlo, porque se pueden enterar escuchando conversaciones de otras personas externas y esto les genera una gran intranquilidad. Ven que algo ocurre, pero nadie se lo aclara.

Si una vez separados, uno de los dos conoce a otra persona, en principio es aconsejable no decirlo hasta pasado un tiempo prudencial, pero también es cierto que hay casos en que esto no es posible y otros en que las/os hijas/os se lo huelen igualmente. No olvidemos que los silencios, los gestos y la forma de comportarnos comunican tanto o más que las palabras y, en según qué casos, esconderlo no sirve de nada o duele más.

En el momento de hablar con hijos e hijas es muy importante que tanto padres como madres den el mismo mensaje, no digo de la misma forma, pero sí con el mismo fondo. Y este mensaje tiene que ser lo más claro y concreto posible, y sin buscar culpables.

Una buena forma de decirlo puede ser: «Papá y mamá hemos tomado una decisión que es dolorosa para nosotros y sabemos que va a serlo también para vosotros, pero lo hemos decidido los dos. Nos vamos a separar y a partir de ahora vamos a vivir en dos casas diferentes. Aunque entre nosotros sigue habiendo cariño y buenos recuerdos, ya no queremos seguir juntos. Pero hay algo que no va a cambiar y es que los dos os seguiremos queriendo y cuidando de vosotros/as».

Las palabras «los dos hemos decidido» dejan muy claro a hijos e hijas que es una decisión firme y conjunta, y que no hay rendijas por donde colarse. Con esto, a pesar del dolor, miedo, rabia, tristeza, etc., que pueda producir en ellos/as, también les dan internamente la tranquilidad de que hay dos personas adultas que asumen sus responsabilidades y se hacen cargo de la situación.

«Virgencita, virgencita, déjame como estoy»

No puedo evitarlo, Cecilia del alma mía. Quizá porque he vivido en primera persona una escena muy parecida a esta, se me parte el corazón cuando te leo.

No te preocupes, no voy a empezar otra vez con lo de «pobres niños». No es eso. Estoy más que convencida de que tiene que ser así como dices, o de que esto sería lo ideal. Pero cuando veo lo complicado que es ser capaz de decir lo que hay que decir, tener la entereza suficiente para poder decirlo sin venirte abajo y conseguir, además, llevar la separación con dignidad, he pensado que es normal que más de uno diga: «Virgencita, virgencita, déjame como estoy», y prefiera continuar la relación, por más que la pareja esté acabada, que pasar por todo esto.

Y que conste que sigo pensando que una pareja rota que sigue junta no es ninguna maravilla tampoco, pero entiendes lo que quiero decir, ¿verdad? Si no te queda otra salida que separarte, te separas, pero tampoco es como para ir recomendando a la gente que se separe, que no pasa nada. Las separaciones, incluso las que son de mutuo acuerdo, no son nunca un plato de gusto y el hecho de que sean cada vez más habituales no evita el dolor. Por eso, es bueno preguntarnos si podemos hacer algo para evitar que sigan aumentando al ritmo que lo hacen y, sobre todo, para que sus repercusiones sean menos negativas de lo que suelen ser.

Todo esto me lleva a incidir nuevamente en que el origen de muchos problemas de pareja está en la forma como se plantea y se establece una relación desde el comienzo. Si nos emparejáramos con menos ceguera y más consciencia de muchas cuestiones que son importantísimas y que no solemos tener en cuenta (como por ejemplo, qué significa para nosotros la pareja, qué buscamos en ella, qué modelos de pareja hemos recibido de nuestros padres y abuelos, qué supone ser mujer o ser hombre en nuestra familia y en nuestro entorno, qué es preciso cambiar o transformar para tener relaciones más saludables, etc.), seguramente habría menos rupturas y las que se produjeran se vivirían de un modo menos traumático.

Perdona este paréntesis, que corta un poco la interesante y clarísima explicación que estabas dando. Me gustará que sigas explicando lo que hay que decir a hijas e hijos cuando las madres y los padres se separan, y también cómo y cuándo decirlo.

Separados como pareja, juntos como padres

Lo que me dices no es ningún paréntesis, cielo. Es lo mismo que me dicen muchos padres: «Qué difícil es esto... Yo no sé si vamos a ser capaces... Si me llego a imaginar por lo que tendría que pasar, no me separo».

Comparto contigo que mucho de lo que ocurre tiene que ver con la forma en que se establecen las relaciones desde el primer momento y también con las implicaciones emocionales con los propios padres, madres, abuelas y abuelos. ¿Sabes que a veces la nieta, por ejemplo, trata a la pareja aplicando los mismos parámetros, sentimientos o creencias que la abuela respecto al abuelo, o que la madre respecto al padre, cuando ni la persona ni la situación tienen ya nada que ver con aquello, pero sigue atada a la trama emocional familiar y repite los mismos esquemas que ha heredado, aunque ya no tengan ningún sentido y no le sirvan más que para crearse problemas en sus relaciones? Lo mismo puede ocurrir en el caso de los hombres.

Prosigo con el cómo y cuándo decir a los hijos e hijas que los padres se van a separar. En cuanto al cómo, lo mejor es decirlo padre y madre juntos, con todo el amor a pesar del dolor, dando un mismo mensaje, directo, preciso, conciso y firme, dejando claro que ha sido decisión de ambos y que los hijos no son los culpables de la ruptura. El cuándo, tiene que ser un momento de tranquilidad y con tiempo por delante, sin prisas; suele ser idóneo en fin de semana. Es conveniente dejar pasar las fechas señaladas, como las Navidades o los cumpleaños. Y está bien que, una vez hablado, se puedan mantener algunas de las actividades normales de ese día y que no todo se venga abajo.

Es imprescindible dejar siempre abierta la puerta a las dudas y a las aclaraciones que los hijos/as necesiten. Se hablará tantas veces como haga falta, pero no de por qué los padres han tomado esa decisión, sino de cómo va a ser su vida a partir de ahora, dónde van a vivir, cuándo se van con el otro progenitor, cómo van a ser las vacaciones, qué cosas van a cambiar y cuáles no, cuáles son los sentimientos y necesidades de cada cual, etc., sin entrar en juicios de valor de ningún tipo.

La idea fundamental es que los padres dejan de ser pareja, de vivir en la misma casa y de dormir en la misma cama, pero nunca dejarán de ser sus padres o madres. En este sentido es muy bueno para los hijos e hijas que, a pesar de la separación, los padres y las madres se sigan juntando en ciertas ocasiones por cuestiones relacionadas con ellos/as, como los cumpleaños, asuntos que tengan que ver con el colegio (como festivales, entrevistas con el profesorado, etc.), con la salud u otros.

Déjame que lo diga, así no lo hago

Esta idea de que te puedes separar como pareja, pero nunca como padres, Cecilia, me parece muy potente y muy tranquilizadora para hijas e hijos. Es muy reparador saber que sus padres seguirán siendo sus padres aunque se separen —que el vínculo no se deshace nunca—, y que seguirán queriéndolos, cuidándoles y reuniéndose por ellos cuando sea necesario. Para algunas parejas es muy difícil, sobre todo al principio, pero, en el fondo de su corazón, la mayoría sabe que si lo consiguen va a ser bueno para toda la familia, y esto es un poderoso acicate.

Lo que ya no veo tan claro es que consigan resistirse a buscar culpables. Díselo a alguna persona que se considere «engañada» por la pareja y verás. En un divorcio de mutuo acuerdo de verdad es más fácil, pero cuando aparece una tercera persona de por medio lo más probable es que se líe parda.

Recuerdo el caso de una chica que se sintió terriblemente engañada cuando se enteró de que su marido hacía tiempo que tenía relaciones con otra mujer. Cuando le pidió la separación y se lo confesó, le dio por comenzar a romper la vajilla y todo lo que pilló de la boda. Le llamó de todo menos guapo y le juró que se vengaría de él y que haría todo lo posible para que su hija en común le aborreciera. Si vieras a la chica, es una persona de lo más sociable, educada y cariñosa que te puedas imaginar. Luego ella misma me contó que no hizo nada de todo esto. En la actualidad está contenta de que su hija se lleve bien con su padre y, a pesar de que no ha olvidado lo mal que lo pasó, ahora al menos ya no tiene ganas de pegarle cuatro guantazos cada vez que lo ve.

Yo creo que esto demuestra lo saludable que es a veces poder decir «me las vas a pagar», porque así sale la rabia y luego te quedas liberada y en mejor disposición para llevar una relación civilizada. Hay gente que descarga la emoción hablando y diciendo que van a hacer cosas que nunca harán. Dicen abiertamente: «Me voy a vengar» y luego no lo hacen porque con decirlo ya les basta. Esto es más saludable que no decirlo y hacerlo, pues lo único verdaderamente reprobable son los actos, nunca los deseos o los sentimientos.

Por otra parte, me resulta sorprendente lo de llevar durante un tiempo dos relaciones paralelas, y que uno no lo diga y el otro no se entere o no se quiera enterar.

Termino con algo que no hemos dicho todavía. Por lo que yo veo, en la forma de comunicar a la pareja la decisión de separarte, casi nunca se acierta. Cuando uno de los dos no desea hacerlo, nunca le va a parecer bien ni el cómo ni el cuándo; siempre pensará que se lo tendría que haber planteado de otra forma y en otro momento.

Separarse a tiempo

Es muy cierto que casi nunca se acierta en la forma de comunicarlo, querida Eva. Por eso una de las claves de una buena separación es la buena comunicación previa entre la pareja y el hecho de que se den cuenta y sean capaces de hablarlo cuando las cosas empiezan a ir mal, a fin de que, si se acaba produciendo la separación, esta pueda darse antes de que la relación se desvirtúe, comience a degenerar y se causen daños o heridas que luego cueste mucho reparar o incluso que resulten irreparables.

Son muchas las ventajas de una separación a tiempo: menos rabia acumulada y menos insultos; menos peleas delante de hijos e hijas; menos daño emocional para toda la familia; menos tensiones; más a salvo queda lo bueno que hubo; en definitiva, se evita entrar en una escalada que a menudo conduce a un punto sin retorno y pone muy cuesta arriba el entendimiento futuro.

Si una pareja se separa cuando aún sienten respeto y cariño, es más fácil que pueda darse una buena relación y una comunicación sana. Será posible seguir hablando de las necesidades de hijos e hijas y tener en cuenta, también, el bienestar emocional mutuo.

Es muy normal que, en casos como el de la chica que comenzó a romper platos, quede una sensación de engaño muy desagradable que puede durar tiempo y complicar la relación una vez separados. Pero también coincido en que la suya fue una rabia bien llevada y bien resuelta, pues finalmente no cumplió sus amenazas, se lleva bien con su expareja y se alegra por la buena relación de este con su hija.

Ante lo de llevar dos relaciones a la vez, me parece natural que haya personas que reaccionen muy mal y no les falta razón. Yo lo que veo es que no todo el mundo lo vive igual ni se lo plantea de la misma manera. Hay quien no podrá soportar esta doble vida, quien la mantendrá tan campante y quien en cambio lo pasará fatal. Hay también quien, a pesar de ello, no se separará nunca por miedo, por mantener las apariencias o para no perder el patrimonio, que me decía un día un abogado que de estos los hay a montones. Cuando ven la pérdida económica que les supondría la separación, algunas personas deciden no separarse y otras aceptan incluso que su pareja tenga otra relación paralela.

A ti no te imagino llevando una doble vida y escondiéndolo. Pero aunque la honestidad sea lo más deseable, no siempre es posible. Y si una persona conoce a otra que le atrae, tampoco se va a separar al día siguiente. Cualquier hombre o mujer que pase por una situación así necesita un tiempo para aclarar sus sentimientos y tomar una decisión.

Y volver, volver, volver…

Mi querida dama de Elche: pues claro que nadie va a separarse el primer día que conoce a otra persona que le atrae. Pero si comienza una relación paralela secreta con esa persona, esto ya es harina de otro costal. A mí me gustaría saberlo para tener la opción de tomar mis propias decisiones al respecto. Creo que este es otro de los temas que habría que hablar y pactar al principio en las parejas: cómo querrían afrontar una situación así si llegara a darse. Si preferimos no abordar lo que no queremos que suceda o lo que pensamos que nunca sucederá, si luego ocurre nos va a descolocar mucho más.

Cambiando de tema, ¿qué me dices de quienes toman la decisión de marcharse de casa, separarse y, al cabo de poco tiempo, vuelven como si nada hubiese ocurrido? Hay hijos e hijas que han vivido estas situaciones varias veces. En las primeras reconciliaciones se alegran mucho pero, conforme se va repitiendo la situación, dejan de alegrarse y se autoprotegen para sufrir menos. Viven cada separación con una gran incertidumbre y con el miedo de que no se produzca un reencuentro, y cada reencuentro con el miedo de que vuelvan a separarse.

Hay una pareja amiga mía que en tres años se ha separado y reconciliado tres veces, que yo sepa. No parecían muy afectados, por lo que hubo un día que le dije a ella que si este «ahora nos separamos, ahora nos rejuntamos» no les debilitaba ni les hacía sufrir demasiado, pues que adelante.

Eso sí, que a sus hijos les dijeran: «Mirad, hijos míos, como habréis podido comprobar, vuestro padre y yo no nos aclaramos. Ocurre a veces en la vida y tratamos de llevarlo lo mejor que sabemos». En este caso los hijos eran adolescentes y lo podían medio entender.

Hay otros casos más dramáticos que, aun siendo ya adolescentes, les desestabiliza enormemente. Sé de una chica de dieciséis años que había vivido esto seis o siete veces. Cuando sus padres estaban juntos, no paraban de pelearse. El padre se marchaba y, cada vez que lo hacía, la madre se pasaba los días llorando y diciéndole lo mucho que lo echaba de menos. El padre regresaba y empezaban de nuevo las peleas. Esta chiquita me dijo un día que como siguieran así iban a volverla loca. A esa edad, al menos, ya podía ponerle palabras a lo que sentía. Pero ¿y si esto ocurre a los cinco años? Pues, seguramente, estaría también en un vaivén constante de emociones con las idas y venidas del padre, con el anhelo de que regresara cada vez que se iba y el miedo a que volvieran a discutir o a verlo marchar de nuevo cuando volvía, pero sin saber verbalizarlo.

No es nada sano hacerles pasar por esto a nuestros hijos. Nuestra responsabilidad como padres y madres nos exige cuidar nuestro equilibrio emocional como base del suyo.

«Yo ya lo sabía»

Suscribo todo lo que dices, ¿cómo iba a tener alguna objeción, Eva querida? Pues claro que padres y madres debemos cuidar nuestro equilibrio emocional porque es la base del de nuestros hijos e hijas. Y si las parejas que se separan y se juntan una y otra vez no piden ayuda terapéutica, esto puede ser interminable, porque vuelven sin que nada haya cambiado y van a seguir repitiendo lo mismo.

Qué ilusos somos los padres y las madres a veces. Pensamos que nuestros vaivenes no les afectan a los hijos, o que no se enteran de nada cuando las cosas van mal en la pareja, que son pequeños/as y que viven en su mundo. Y resulta que a veces lo pillan antes que nosotros. No son pocas las veces que he escuchado decir a un hijo o hija: «Yo ya sabía que mis padres se iban a separar».

Hace un tiempo, fue a verme una pareja porque habían decidido separase y se lo querían decir a sus dos hijos de seis y nueve años. Vimos la mejor forma y el mejor momento de hacerlo y los dos lo pasaron muy mal ensayando lo que cada uno iba a decir y cómo decirlo. A los pocos días de habérselo comunicado, me pidieron si podía verme con el hijo mayor, pues lo notaban un poco raro. Cuando vino a verme el chiquillo, lo primero que me dijo fue: «Yo ya sabía que mis papás se iban a separar, pero desde hace mucho tiempo». Empezó a contarme pequeños detalles que para él eran signos de separación, como por ejemplo, que su papá se quedaba muchas veces durmiendo en el sofá viendo la televisión y luego no se iba a la cama; que su mamá salía solo con sus amigas y ya no se iban a cenar en pareja como antes; que ya no los veía reírse juntos, ver una película en el sofá acostados o darse besos, y que estaban siempre muy serios y les regañaban más que antes.

En otra ocasión, vino otra pareja que también había decidido separase, a pesar de que se querían, y se lo tenían que decir a su hija pequeña de seis años. Se pasaron un buen rato buscando la mejor fórmula y no se decidían a decírselo, hasta que un día la niña les escribió una nota que ponía: «Queridos papás, sé que os vais a separar». Me trajeron la nota y lloraron juntos un buen rato. La hija se les había adelantado.

Los hijos e hijas perciben mucho más de lo que creemos. Aunque los padres no se traten mal, ven que casi no se hablan o que no hacen las mismas cosas que solían hacer, que ya no se ríen juntos, que no se besan, que cada uno va por un lado, que recurren a ellos como intermediarios cuando tienen que decirse algo: «Dile esto a tu padre, dale esto a mamá, pregúntale a tu madre si quiere que salgamos...».

Necesito ayuda profesional

Pues sí, Cecilia. A veces las madres y los padres se escudan en los hijos e hijas para evitar abordar de frente sus problemas sin ser conscientes de ello. Si lo fueran, tratarían de resolverlo por sí mismos o buscarían ayuda terapéutica. Cuánto cuesta darse cuenta y pronunciar esta frase: «Necesito ayuda profesional».

En muchas parejas no se habla de las dificultades que van surgiendo en el día a día, o si se habla es de forma superficial, y así es como poco a poco las dificultades se van acrecentando y terminan convirtiéndose en problemas, como dice Watzlawick. No se habla suficientemente ni de un modo oportuno de cómo se sienten, cómo les afectan las cosas, de qué les gusta y qué les disgusta, qué necesidades tienen, cómo pueden resolver mejor algo en una próxima ocasión, cuál sería una solución adecuada para ambos, etc. De esta forma, cada dificultad no resuelta se va convirtiendo en un problema que va calando en el plano emocional y hace que la relación afectiva se empiece a resentir o tambalear. Cuando hay un gran cúmulo de problemas no abordados, es muy fácil que estalle el conflicto.

Cuando ya son muchos los conflictos no adecuadamente resueltos, cada vez se explota antes y se tarda más en llegar a una reconciliación. La convivencia se convierte en un juego perverso que se va repitiendo cada vez con más frecuencia. Se inicia en cualquier momento de desacuerdo y la tensión va en aumento hasta que uno o ambos explotan, surgen los gritos, descalificaciones e incluso amenazas. Luego viene el siguiente paso, que es el del arrepentimiento, en el que uno o ambos se disculpan, pero la discusión casi siempre se cierra en falso porque posteriormente no se vuelve a hablar de ello y esto impide llegar a acuerdos que eviten que vuelva a ocurrir.

Cuando esto se produce de forma habitual, los hijos e hijas aprenden a resolver los conflictos tal y como lo hacen los padres, gritando, descalificando, ignorando a la otra parte o sencillamente huyendo y negando el problema. Aunque no pretendamos enseñárselo, lo aprenden. Miran, observan y copian, repiten el modelo de sus padres y madres por puro mimetismo y por lealtad familiar. Y les va a parecer lo más normal del mundo: es lo que habrán visto «siempre».

A veces hay personas que, en algún lugar de su alma y desde el principio, ya saben que no están con la pareja adecuada y de una forma inconsciente van tomando distancia. En algunas relaciones, te das cuenta de que esto es lo que subyace en el fondo del conflicto. Una de las partes hace tiempo que ha comenzado a separarse, aunque no haya podido reconocerlo ni verbalizarlo.

La pregunta que me hago es cuándo hay que pedir ayuda y para qué.

Ayuda: cuándo, para qué y para quién

Efectivamente, Eva, lo más difícil suele ser reconocer que necesitas ayuda. A veces, ni cuando estamos pasándolo realmente mal se nos ocurre esta posibilidad. Por mi experiencia, veo diferentes motivos, formas y propósitos por los que normalmente las parejas piden ayuda.

En primer lugar, están las que vienen porque alguna persona cercana que conoce su situación se ha dado cuenta de lo que ellas todavía no son capaces de reconocer y les animan a pedir ayuda. Tengo muchísimos casos que me llegan así.

En segundo lugar, están las parejas que siguen amándose pero están teniendo algún problema puntual importante y piensan que, con algunos cambios, la relación funcionaría mejor y podrían seguir adelante. Si se dan cuenta pronto, la solución suele ser sencilla. Desde el amor, respeto y compromiso es más fácil cambiar lo que convenga. Si cuando buscan ayuda, llevan ya mucho tiempo con el problema, hasta el punto de que ya casi no se hablan, no se tienen en cuenta, ya dudan de su amor o hay una tercera persona, va a resultar mucho más complicado que vuelvan a tener una convivencia sana y armoniosa, por mucho que se quieran.

En tercer lugar, están las parejas que vienen porque han decidido que se quieren separar y quieren hacerlo de la mejor manera. La ayuda se pide en este caso para dar los pasos adecuados, llegar a acuerdos y colaborar en la búsqueda de la mejor salida a la relación, tanto para sí mismos como para los hijos e hijas. La voluntad de ambas partes es evitar al máximo el dolor innecesario. Al principio, este es —como hemos dicho— un objetivo común en casi todas las separaciones; más tarde, son muchas las parejas que lo pierden de vista y terminan haciéndose daño.

En cuarto lugar, están las que vienen a pedir ayuda no para ellas, sino para algún hijo o hija. Son muchos los padres y madres que vienen porque sus hijos/as tienen problemas de comportamiento en casa o en la escuela y lo que se descubre es que, debajo, lo que hay es un problema en la relación de la pareja. Esto no quiere decir que siempre que una pareja busca ayuda para un hijo sea ella la que tiene problemas. Pero sí que hay parejas que se empeñan en que el problema es solo del hijo/a y no quieren reconocer su parte. Una vez una chiquilla de diecisiete años me decía: «Los que tendrían que estar aquí son ellos, que son los que están empanados, y no yo», y no andaba nada equivocada.

¿Hay vida después del divorcio?

Al fin y al cabo, Cecilia, el motivo por el que pedimos ayuda es secundario, lo importante es darnos cuenta de que la necesitamos. Y no solo cuando tenemos problemas o estamos mal. También a veces nos hace falta para seguir bien o para estar mejor. O simplemente para poder contar con una mirada, orientación o acompañamiento externo. Tendríamos que hacernos revisiones emocionales del mismo modo que nos hacemos chequeos médicos, nuestra salud requiere de ambas.

La convivencia siempre es difícil, pues significa vivir-con. ¿Con quién? Pues en el caso de la pareja, con toda nuestra tribu y la del otro. No vivimos a solas con la pareja, convivimos con todas las creencias, valores, normas, emociones, etc., que aporta cada cual de su propia familia. Por eso hay quien dice que cuando una pareja se acuesta son por lo menos seis los que se meten en la misma cama.

A veces, es tan duro acabar una relación porque se corta no solo con quien se convive, sino con todas las personas que forman parte de su clan. La sensación de pérdida y el duelo ante ello es tan grande que da vértigo y parece que no vaya a haber más vida después del divorcio. Por eso, tranquiliza tanto conocer las etapas por las que se pasa cuando se acaba una relación y recibir ayuda para transitar por ellas. De esta forma, es más fácil mantener la esperanza de que llegará un momento en que superará este proceso.

Una separación no se acaba cuando se firma el papel ante

el juez; a partir de ese momento se desencadenan una serie de sentimientos naturales y comunes a la mayoría de rupturas: miedo a la soledad o a haberse equivocado, rabia por no haber sido capaces de evitarlo o de retener a la otra persona, tristeza por perder al ser amado, dolor, culpa, ansiedad, etc. Todo un recorrido emocional del que no se sabe cuándo se va a salir, ni siquiera si se va a salir. Pero si se vive con el acompañamiento adecuado, de un modo consciente, poniéndole nombre a lo que se siente y elaborando lo que se va experimentando, se sale antes y mejor, con mayor autoconocimiento y más recursos personales para afrontar el futuro.

Las hijas e hijos atraviesan las mismas etapas y emociones que sus padres y madres, pero normalmente no las saben verbalizar, no saben decir: «Estoy triste porque ya no vivimos juntos, me da mucha rabia que os hayáis separado», y suelen expresarlo a través de cambios de comportamiento que hay que saber leer y atender.

Sin lugar a dudas, hay vida después del divorcio si acogemos y damos su espacio a cada emoción y logramos trascenderlas o integrarlas.

Les duele a hijos e hijas porque aún les duele a madres y padres

Es realmente como dices, Evica, las hijas e hijos casi siempre van viviendo las etapas de forma paralela a sus padres y madres, pero a menudo en soledad porque la pareja está atrapada en sus propias emociones y, hasta que sus hijos/as no dan problemas, no lo ven.

Un día una pareja en proceso de separación vino con su hijo mayor, de once años, pues estaban preocupados por el comportamiento que estaba teniendo con ellos. Cuando hablé con él me decía: «Me dan mucha rabia mis padres todo el día peleándose, y tengo miedo de que mi padre se harte y no vuelva más por casa a recogernos. Y a mí me toca quedarme con mi madre porque mi padre la ha dejado, se ha portado muy mal con nosotros. Luego se extrañan de que ponga mala cara y no los quiera ni ver».

Cuando unos días después hablé con la madre, ella tenía los mismos sentimientos hacia su exmarido, pero no los verbalizaba tan abiertamente como el hijo, expresaba su rabia con frases de despecho y su miedo y tristeza llorando porque temía no poder vivir sin él. Fíjate con qué facilidad se contagian las emociones no reconocidas a hijos e hijas y de qué forma tan dolorosa se mimetizan emocionalmente con sus padres y madres, y sufren por tener que ser leales a ambos. Este niño tenía que demostrar su rabia contra su papá porque se había ido de casa y se le había contado que al dejar a su mamá los «abandonaba» a todos. La rabia que mostraba contra el padre era un claro reflejo de la que sentía la madre y le permitía sentirse leal a ella, que es con quien tenía que convivir. Pero, por otro lado, mostraba su miedo a que su padre no volviera más por casa y de esta forma su alma estaba también con él. Un encaje de bolillos emocional que a duras penas logramos realizar las personas adultas y se lo estamos pidiendo a niños, niñas y adolescentes.

Por eso es tan importante superar las distintas etapas y emociones del duelo, empezando por la primera, que supone aceptar la nueva realidad en lugar de negarla, y que no es nada fácil. Cuesta tanto aceptar que la pareja nos ha dejado o ya no nos quiere, que se niega el hecho en sí. Una mujer cuyo marido la había dejado porque se había enamorado de otra persona decía: «Él no sabe bien lo que quiere. Estoy segura de que se trata de una aventura nada más. Cuando se le pase la tontería y se dé cuenta de que aún me ama, volverá». Negar la realidad impide afrontar el dolor que produce reconocer el abandono. Ahí te puedes quedar un poquito de tiempo, pero no indefinidamente.

A medida que se curan padres y madres, se curan hijos e hijas

Esto que dices, Cecilia, de reconocer la nueva realidad en lugar de negarla, es imprescindible. Ciertamente, a veces el dolor es tan grande, que algunas personas se niegan a admitirlo y llegan incluso a autoengañarse, diciéndose que va a ser algo pasajero. Así evitan el tener que enfrentar abiertamente la situación y todo el cúmulo de emociones ingratas que esta conlleva.

Tus palabras me hacen pensar en que hay multitud de pequeños trastornos que presentan las hijas e hijos y que muchas veces no relacionamos con la separación, que pueden tener que ver con las emociones que perciben, pero que no son expresadas abiertamente por los progenitores y que, por tanto, tampoco se les facilita expresar a ellos. Un niño que se hace torceduras o esguinces a menudo, una niña a quien le duele la barriga todas las mañanas, una chiquilla que sufre altibajos o ataques de nervios con frecuencia, otro que de repente empieza a ir mal en los estudios, pero también el que se pone a estudiar compulsivamente y como nunca... En numerosas ocasiones, estos síntomas son vías de expresión de las emociones que no se saben identificar o bien maneras de huir de ellas.

Evidentemente, a veces estos trastornos pueden ser por otras causas y en determinados casos habrá que recurrir a los exámenes médicos pertinentes, pero está claro que un porcentaje considerable no es otra cosa que somatizaciones, es decir, formas que se busca el cuerpo de dar salida a tensiones o conflictos de naturaleza emocional, que no están siendo adecuadamente abordados. Y es que el cuerpo es el gran olvidado. Nos creemos que racionalizando y entendiendo las cosas ya está todo resuelto y que el cuerpo normalmente va por otro lado y tiene sus propios tiempos y mecanismos autorreguladores. Y si resulta que se ha producido una separación y acto seguido aparecen este tipo de síntomas, hay que considerar la posibilidad de que esté relacionado.

En resumidas cuentas, conforme madres y padres van expresando su tristeza, rabia, miedo y todas sus emociones naturales en espacios adecuados y protegidos, van curando su dolor y van permitiendo que sean atendidas y curadas también las emociones de las hijas e hijos. Esto fortalece la comunicación y los vínculos familiares, a pesar de la separación, y ayuda a crecer a todos los miembros. Conviene precisar, no obstante, que las emociones primarias intensas, que son totalmente naturales y legítimas, no podemos expresarlas en bruto, tal como fluyen y sin control alguno, delante de hijas e hijos. Hay que buscar el espacio, los recursos y el acompañamiento adecuado para darles salida y que luego ante ellos podamos expresarlas con contención, empatía y asertividad. De no ser así, les podemos asustar y desestabilizar aún más.

El arte de hacer sencillo lo complicado

Las emociones naturales o primarias, eso lo sabes tú muy bien, querida Eva, son tan intensas porque tienen que ver con la supervivencia, pero también porque están compuestas de un gran número de emociones no expresadas, que hemos ido acumulando a lo largo de la vida, y que guardamos encerradas bajo siete llaves. Por eso cuando alguna de estas se nos escapa, o la dejamos salir, causa estragos. Si desde que nacemos fuéramos expresando lo que sentimos de un modo natural a medida que lo vamos sintiendo, la mayoría de emociones irían y vendrían como las olas.

Hay que buscar, como bien dices, formas simples y sanas de expresar las emociones naturales intensas ante los hijos e hijas. Recuerdo el caso de una pareja, que cuando la madre y el padre entendieron que no era malo expresar el dolor y dejar que lo expresaran sus hijos con ellos, el proceso de la separación mejoró muchísimo. Desapareció el peso constante de la culpa por la decisión que habían tomado y desde ahí conectaban mucho mejor todos, reconociendo su dolor, su rabia o sus miedos.

Cuando el hijo mayor, de nueve años, decía: «Me da rabia que papá se haya marchado de casa», la madre le decía: «Sé lo que sientes porque yo también siento rabia». Cuando el niño decía: «Tengo miedo por las noches cuando no está papá», la madre le decía: «Yo también estaba más tranquila cuando él estaba en casa, pero ahora yo voy a resolver lo que surja y a pedir ayuda si hace falta». Cuando el niño lloraba y decía: «Estoy muy mal y quiero gritar», la madre aprovechaba para llorar con él y gritaban juntos y pegaban en cojines. Luego, ya de nuevo en calma, lo acogía en sus brazos y se quedaba dándole un fuerte abrazo, que le transmitía amor y seguridad.

Compartir los sentimientos sin excesivo dramatismo nos ayuda a conectar con el otro, a sentirnos más cerca y a mejorar la relación. Expresar las emociones nos hace más humanos y compartir el dolor nos alivia y nos tranquiliza. Y luego llega el abrazo acogedor. Como dice Laura Rincón: «No es posible sentir el amor plenamente si antes no se ha expresado toda la rabia y el dolor existentes en la relación».

Nos han enseñado a callar, tapar, ocultar nuestros miedos, rabias, tristezas, soledades, ilusiones, alegrías, etc. Y ahora que sabemos lo que el hecho de poder reconocerlo y expresarlo ayuda a mejorar las relaciones y la vida personal, ¿nos lo vamos a seguir callando?

Antes de entrar, dejen salir

Claro que no, Ceci. Ahora que conocemos las funciones tan importantes que cumplen las emociones tenemos que aprender a identificarlas, expresarlas y trascenderlas. Pero déjame que apunte algo: el hecho de que nos hayan educado de espaldas a nuestras emociones ha tenido sentido dentro de un contexto histórico y social determinado, y en estos momentos, apostar por expresarlas y educarlas no tiene que confundirse para nada con rendirles culto, con atizar tempestades emocionales ni con legitimar cualquier tipo de arrebato emocional.

Dicho esto, igual que hay padres o madres que se quedan indefinidamente –toda la vida a veces– en la negación de lo ocurrido, la rabia o el dolor, también los hay que aprietan el acelerador a fondo y huyen hacia delante. Tienen prisa y se saltan etapas para evitar esos sentimientos tan incómodos y les meten prisa también a los hijos y enseguida quieren presentarles, por ejemplo, a una nueva «pareja», que lo pongo entre comillas porque muchas veces no es realmente una pareja, sino una especie de quitapenas o «personas puente», como se les llama ahora, cuya misión principal es ayudar a salir de la relación. Algunos pretenden, además, no solo que los hijos e hijas la acepten enseguida, sino que les caiga bien y que sean cariñosos con él o ella.

Hemos hablado de un proceso de duelo, de una serie de etapas por las que van a pasar todos los miembros de la familia: desde el que se marcha al que se queda, el que abandona y el que se siente abandonado, los hijos mayores y los pequeños, todos sin excepción. Cada uno tiene sus propios ritmos y estilo emocional y necesita que se respete su tiempo para asimilar la decisión y poder aceptar nuevas relaciones de sus progenitores. Los padres y las madres han de tener una especie de radar, estar atentos a los procesos de sus hijos e hijas, y no introducir demasiados cambios en sus vidas de golpe. Incluso cuando las rutinas se mantienen, todo ha cambiado. Además de marcharse el padre o la madre del hogar, les toca estar cada cierto tiempo en una casa, ya no van juntos a las comidas familiares y a veces hay cambios de ciudad o colegio. Son muchas cosas nuevas a la vez y necesitan tiempo para adaptarse.

Si se respetan los ritmos de cada cual y se permite la expresión de las emociones, es muy probable que de forma natural vuelva la ilusión a sus vidas y también a la de los padres. Esto no significa que se tenga que pedir permiso a los/as hijos/as para establecer nuevas relaciones, sino simplemente tener en cuenta sus necesidades y respetar sus tiempos.

Por otra parte, cuesta estar realmente disponible para entregarse de verdad a una nueva persona cuando no se ha cerrado bien una relación pasada y no se ha dado un lugar en el corazón a la anterior pareja. En esta cuestión de las separaciones, como en el metro, suele funcionar mejor que «antes de entrar, dejen salir».

«Por favor, que mi madre no me presente a más novios»

Pues sí, Eva, no siempre se puede ir por partes, a veces los acontecimientos se precipitan todos a la vez, pero en casos como el de presentar a nuevas parejas, mejor si se puede tener en cuenta esto de «antes de entrar, dejar salir».

Hace algún tiempo vino un padre a la consulta que se había separado hacía muy poco y se había enamorado de otra persona. Solo habían pasado dos o tres meses desde la separación y ya les quería presentar a su nuevo amor a sus dos hijos pequeños. Le dije que quizá no la iban a aceptar muy bien, que era un poco pronto, que ellos aún veían a su madre muy triste... Incluso recuerdo haberle recomendado la lectura de algún libro sobre el tema. Me dijo que sus hijos eran muy maduros y que la aceptarían muy bien. Entendí que era su decisión y lo respeté.

Pues bien, mi querida Eva, ha pasado algo más de un año y estos niños aún no quieren irse con su padre porque no quieren encontrarse con esta persona. Por supuesto que debajo de esto hay muchas más cosas, pero sí es cierto, como comentabas, que a veces los padres tienen prisa y se precipitan en querer presentar a esa nueva persona, con la que tienen nuevos proyectos e ilusiones que no se corresponden con los de los hijos.

Me parece muy lógico y natural tener nuevos proyectos, ilusiones, amigos, amores, etc. Pero hay que tener en cuenta que las hijas e hijos no necesitan ningún sustituto para su padre o madre y no los van a cambiar por nadie. Ellos/as no tienen ninguna necesidad de conocer a alguien que está ocupando el lugar del progenitor ausente y mucho menos tan pronto. Y encima, ver a uno feliz con esa otra persona, mientras el otro sigue en el dolor y la tristeza. En estos casos los hijos se pueden sentir cómplices del que está bien y desleales con el que lo está pasando peor, y esto los descoloca y les hace sentirse «traidores», con lo cual prefieren no ver al que está feliz y quedarse al lado de quien sufre.

Tuve una adolescente preciosa, hija de unos padres encantadores separados, que me decía: «Si hablas con mi madre, dile que por favor no me presente a más novios. A veces, parece que no se dé cuenta de que es mi madre y no mi amiga. Y me da mucha rabia cuando me dice: "Ven que te voy a presentar a mi novio, verás que simpático es y qué bien te cae". Para mí no hay otro como mi padre».

Hay que ver cómo la liamos, a veces.

Me acuesto con quien sea para vengarme

¡Madre mía del amor hermoso, Cecilia! A veces se nos va un poco la olla.

Pues claro que las hijas e hijos se sienten mal cuando perciben que, por ejemplo su padre, está comparando a su nueva pareja con su madre o al revés. No les hace ningún bien. Nadie puede ocupar el lugar de sus padres en sus corazones y en esto no tienen nada que ver los problemas que padre y madre tengan entre ellos. Les da lo mismo si es el padre o la madre el que se ha ido, para ellos siguen siendo sus padres y les gusta conocer las cosas buenas que les hacen quererlos más y sentirlos más cerca.

¿Y qué me dices de quienes se acuestan con la primera persona que encuentran para vengarse, y luego van y se lo cuentan a los hijos/as? Les dicen que arruinaron su juventud casándose con su padre o con su madre y que ahora van a tener todos los ligues que entonces no tuvieron.

No estoy en contra de las relaciones esporádicas. A algunas personas les sientan de maravilla y, en el caso de una separación, cumplen su función y a veces ayudan a sobrellevarla mejor. Pero no tenemos por qué calentarles la cabeza a los hijos e hijas confesándoles intimidades que ni les van ni les vienen o que directamente les hacen sufrir.

Recuerdo el caso de aquella mujer que vino a vernos y alardeaba de contarle todas sus andanzas a la hija. Lo hacía con el propósito de que la chiquilla se lo contara al padre y así vengarse indirectamente de él por haberla dejado. Creo que nos equivocamos cuando pensamos que, por ir aireando nuestras aventuras y secretos, las hijas e hijos nos verán más modernos y cercanos. Ellos/as lo que necesitan realmente es que sigamos siendo madres y padres. No amigos, colegas o confidentes. Y, sobre todo que, juntos o separados, nos respetemos entre nosotros.

La verdad es que cuando nos quedamos atrapados en la rabia o en el sentimiento de abandono perdemos muy fácilmente el norte y va a ser más difícil atender a nuestros hijos e hijas como necesitan. Somos humanos y tenemos nuestras limitaciones, pero, si al menos lo vemos, ya es algo. La toma de consciencia siempre tiene algún efecto beneficioso.

«¿Y a mí qué me importa cómo les iba a mis padres en la cama?»

Por lo que yo veo, Eva, cuando madres o padres tomamos a hijas e hijos como confidentes, se crea un desorden familiar, pues ni estamos nosotros en nuestro lugar ni les dejamos ocupar el suyo.

En una conferencia para jóvenes sobre sexualidad, al acabar se me acercó una estudiante de unos veinte años y me dijo: «Cómo me hubiese gustado que la escuchase mi madre, cuando ha dicho que los hijos no somos confidentes ni amigos de nuestros padres». Me acompañó hasta el coche y me preguntó si podía contarme algo. Le respondí que por supuesto y empezó a decirme: «Mis padres se separaron cuando yo era pequeña y nunca les pregunté por qué. Desde hace un tiempo mi madre me cuenta los problemas que tenía con mi padre, lo mal que funcionaban en la cama, que ella no disfrutaba en las relaciones sexuales y muchas más cosas que me duelen y que no me gusta escuchar. ¿A mí qué me importa cómo les iba en la cama? Al fin y al cabo, de quien me habla mal es de mi padre y yo a él lo sigo queriendo como padre. ¿Qué puedo hacer?», me preguntó. «¿Tú qué quieres hacer?», le dije yo. «Pedirle a mi madre que no me cuente estas cosas» me respondió. «Pues lo tienes muy fácil —le contesté—, dile esto mismo que me has dicho a mí, con cariño. Le puedes decir: "Lo siento, mamá, todo eso que me cuentas es cosa tuya y de papá y a mí no me hace bien escucharlo, así que te pido que por favor no me cuentes nada más de esos temas. Yo solo soy la hija y lo que ocurrió entre vosotros en vuestra intimidad es cosa vuestra"».

A veces las madres y los padres sienten la necesidad, cuando los hijos e hijas son mayores, de contarles su versión de por qué se acabó la relación, casi siempre con la intención de desquitarse, lavar su imagen o saldar cuentas pendientes. Pero esa no es la solución. Las madres y padres tienen que saber asumir su parte de responsabilidad dignamente y de esta forma no necesitan desvelar intimidades para justificarse.

Hace poco me encontré con una conocida cuyo marido le dijo que ya no la quería y se fue de casa. Tienen una niña de seis años. La convivencia estaba muy deteriorada y él tomó la decisión de separarse. Al poco tiempo, conoció a otra mujer y la niña ya iba con ellos a todos lados. La conocida me dijo: «Estoy deseando que mi hija sea mayor para contarle todo el daño que me ha hecho su padre y lo pronto que ha empezado a salir con otra. Ahora me callo porque es pequeña, pero en cuanto crezca un poco se lo contaré todo y se enterará bien de quién es».

A los hijos/as no solo no les ayuda realmente en nada que les cuenten todo esto, sino que además les hace daño.

Se van con quien les toca y punto

En estos casos, Cecilia querida, no hace falta esperar a que la niña sea mayor para que se entere de la rabia que siente la madre por el padre. Aunque de momento no se lo diga, eso se da a entender y se nota de muchas maneras. Por otra parte, la rabia que siente una madre o un padre hacia el otro no deberían descargarla nunca delante de los hijos e hijas.

Se necesita un mínimo de madurez para acompañar a los/as hijos/as en su dolor, miedo o tristeza, sin culpar o excluir al progenitor ausente. No hace falta tenerlo todo resuelto en el plano emocional para ser capaces de actuar desde nuestra responsabilidad adulta. Desde esa responsabilidad, es posible sobreponerte a tus propios sentimientos y decirles: «Me alegro de que quieras a tu padre (o madre) y lo pases bien con él o ella». Cuando se es capaz de decir esto, aun sintiendo dolor o rabia internamente, o con la boca pequeña, los hijos se dan cuenta del valor que tiene y lo agradecen.

Me da mucha tristeza cuando a veces me cuentas de madres -y también padres- que vienen a verte y te dicen que no les impiden a sus hijas/os irse con el otro progenitor, que son ellas/os quienes lo deciden libremente. Pero con frecuencia se trata de un chantaje emocional en toda regla. Algunas/os hijas/os, cuando ven lo apenada/o que se queda su madre o su padre o lo mal que le sienta que se vayan, deciden quedarse.

A mí me parece un grave error dejar estas decisiones en manos de hijas e hijos en edades tempranas. Se van con quien les toca y punto. Porque, además, el progenitor que es rechazado una vez tras otra puede llegar un momento que se agote, se deprima y tire la toalla. Y luego se le culpa de un abandono o falta de interés que, en realidad, ha sido instigado por la otra parte.

Cuando los padres asumen su responsabilidad y se respetan, por mal que se sientan o por duro que sea el momento que están atravesando, tienen claro lo que es conveniente para el bien de sus hijas e hijos y cumplen y les hacen cumplir con lo pactado. Otra cosa sería si supiéramos que el padre o la madre los están maltratando o dañando, pero no nos estamos refiriendo a estos casos.

Cuando se pierde el control y se cometen barbaridades

Pues sí, nenica, hay cosas que las deciden los adultos, aunque para ello tienen que estar mínimamente centrados y en su lugar. Pero padres y madres los hay para todos los gustos y algunos, cuando pierden el control, cometen barbaridades.

Están estos del chantaje emocional que comentas y también los que manipulan de un modo más sutil y son capaces de inventarse lo que sea con tal de que el otro no se lleve a los niños. Cualquier excusa les vale: que si está acatarrado, que si lo ha invitado su primo, que si tiene muchos deberes, que si le duele el dedo pequeño del pie, que si se casa el sobrino adoptivo de su primo tercero...

Están también los que miran con lupa todo lo que hace el otro y al más mínimo descuido le ponen una denuncia por abandono o por no cuidarles bien. Una vez, en la pescadería, escuché a una mujer que iba a ponerle un detective al exmarido porque se había enterado de que un domingo por la mañana había dejado un rato solos a los niños para bajar a tomar un café con un amigo. «Ya, un amigo, dice... Seguro que era una amiga y que de noche también los deja para irse con mujeres y ellos, como están dormidos, ni se enteran». No sé qué edad tendrían los chiquillos ni si habría algo de verdad en todo aquello, pero estaba tan fuera de sí que a mí me dio pena escucharla.

Luego están los que chantajean de otra manera, ya sea «comprando» a los hijos e hijas con regalos o consintiéndoles todo para que los quieran más que al otro. Me contaron de un padre que le prometió pagarle al hijo el coche y el carné de conducir si se iba a vivir con él. El hijo aceptó sin pensarlo. La madre decía que si lo hubieran hablado y su exmarido le hubiera pedido que ahora que el crío ya era mayor se fuera a vivir con él, lo habría entendido, pues llevaba toda la vida con ella y hasta lo veía bueno para el chaval, pero no le parecía que estas fueran formas.

También están los que se van de casa, pero siguen apareciendo cada dos por tres para controlar, husmear o fiscalizar, que entran y salen del que fue su domicilio como Pedro por su casa, llaman mil veces por teléfono, abren el frigorífico para ver qué hay, se entrometen en asuntos que ya no son de su incumbencia y otras lindezas, haciendo la vida imposible a la expareja y a los hijos o, cuando menos, dificultando que puedan empezar una vida distinta y organizarse de otras formas.

Otra tipología son los progenitores que cuando se separan, desaparecen, de tal manera que no se vuelve a saber de ellos, o bien se alejan y con el tiempo se acaba cortando la relación. Estos casos, normalmente sorprendentes y que suelen generar bastante morbo en el entorno familiar y social, los juzgamos muy duramente y, habitualmente, suelen obedecer a razones bastante más complejas de lo que pueda parecer.

Yendo de lo malo a lo peor, nos encontramos con lo que

se conoce como SAP o Síndrome de Alienación Parental. Se lo escuché por primera vez, hace años, a la psicóloga Arantxa Coca. Es cuando un progenitor indispone a hijos e hijas contra el otro y su familia, y no cesa hasta conseguir que llegue a sentir odio hacia ellos y les niegue toda relación y comunicación, o incluso que adopte actitudes agresivas. Es una forma de venganza que consiste en manipular a los hijos, a veces de formas muy sutiles, hasta el punto de que puede acabar pareciendo que es cosa del hijo o hija, y que no tiene nada que ver con la madre o el padre, cuando son estos los que lo instigan. Aquí las víctimas son muchas y se causa un gran sufrimiento, también a abuelas, abuelos y a todo el entorno familiar.

Con todo, la más cruel y execrable de las formas de hacer daño a la expareja es la violencia vicaria, de la que tristemente estamos viendo varios casos en los últimos tiempos.

Detrás de estas situaciones encontramos desde incapacidad para identificar y expresar los propios sentimientos y necesidades, pasando por desajustes emocionales de base que se han cronificado, tramas familiares intrincadas, implicaciones y lealtades sistémicas ocultas, hasta trastornos mentales y psicopatologías profundas, en algunos de los casos más graves. Por supuesto, nada de esto tiene que ser entendido como una justificación ni debe eximir a nadie de las responsabilidades de sus actos y de las consecuencias legales que estos acarrean cuando cometen determinados daños y aberraciones.

Hijos e hijas «WhatsApp»

Querida Ceci:

Lo de la violencia vicaria no puedo ni pensarlo. No puedo leer ni mirar nunca nada de esto. Me cuesta hasta nombrarlo. ¡Cómo puede haber padres o madres que maten a sus hijos e hijas para fastidiar a la expareja! Siento escalofríos hasta en el alma.

Leyéndote me venía a la mente otra tipología que no se puede ni comparar con lo anterior, pero que también genera desajustes varios, y la protagonizan quienes utilizan a hijas e hijos de recaderos: «Dile a tu madre…», «A ver si se entera tu padre, de una vez por todas, que…». Esto no es exclusivo de las parejas separadas. Como ya dijimos, muchas que no lo están también se comunican entre ellas a través de sus hijos e hijas. Lo que ocurre es que a los hijos de parejas separadas les resulta más incómodo aún, pues saben que al otro progenitor no le va a gustar lo que le van a decir y encima tienen que devolver la contestación, que casi siempre es más de lo mismo.

En esto tenemos que ser muy tajantes e insistir de nuevo en que hay una serie de cuestiones que las tenemos que seguir resolviendo las madres y padres. Temas como, por ejemplo, el pago de la pensión alimenticia para los hijos e hijas, los días de vacaciones, los horarios de recogida y regreso, el dinero que se les da para sus gastos, etc., los deciden los adultos y para nada se le tiene que decir al hijo o hija aquello de: «Dile a tu padre o madre que a ver cuándo piensa ingresarme la pensión, que ya estamos a día nueve».

Las madres y los padres no tenemos que utilizar a hijas e hijos como «WhatsApp» en ningún caso y menos para hacernos daño a través de ellas/os.

La paz interior no se paga con dinero

Coincido totalmente contigo en lo de no utilizar a hijas e hijos como mensajeras/os. Una chica de once años me contaba un día: «Es que mi padre no le paga a mi mamá lo que ha dicho el juez y mi madre me dice que cuando esté con él se lo diga, y también que nos tiene que dar más dinero. Y a mí no me gusta decirle esto, pues mi padre tiene que pagarse ahora una casa nueva y salir con sus amigos porque está solo. Cuando estaba en casa salía con mi madre y con nosotros, y ahora no tiene a nadie». La lucidez y la bondad de los hijos e hijas son increíbles, a veces.

Respecto a este asunto de las pensiones, lo que subyace en el fondo de los conflictos que se dan, tanto respecto a los desacuerdos en las cantidades como a los retrasos en el pago, es esa falta de reconocimiento de la que venimos hablando. Cuando la expareja se enzarza en peleas, denuncias o litigios, a menudo lo que se reclama no es lo económico en sí, sino que se les dé el lugar adecuado ante las hijas e hijos, la familia y la posible nueva pareja. Como ya comentamos, muy a menudo en estos momentos se niega por completo lo bueno que hay en la persona y que ha habido en la relación, y esto suele ser lo que en realidad más duele al otro. Por eso, el objetivo final en cualquier proceso de separación tendría que ser reconciliarse con lo vivido y con la expareja, aunque haya casos en que solo pueda ser internamente.

Un hombre a quien su mujer dejó me decía: «Pero ¿cómo voy a agradecer lo vivido con ella si solo fuimos felices muy al principio y luego ya fue un desastre, y ahora solo cuentan conmigo para pagar?». Pues hay que sentirse igualmente agradecido por esos momentos del principio, aunque fueran pocos, porque muchas veces en esos primeros tiempos ocurren cosas muy importantes en las vidas de las parejas, como es el nacimiento de sus hijos e hijas.

Ninguna pensión parecerá nunca suficiente si la pareja no se separa desde el respeto, el agradecimiento y el cariño que ha habido. Ninguna sirve tampoco para curar realmente las heridas que pueda haber ni para comprar la paz interior. Esta no se paga con dinero, no se puede comprar ni te la pueden otorgar desde fuera. A veces hay personas que pasan una elevada pensión a la expareja pensando que así conseguirán acallar la culpa que les invade, pero eso no es más que un paño caliente y a la larga tampoco sirve de alivio a nadie.

Ya sé que tal como se están llevando las separaciones actualmente puede parecer una utopía, pero insisto y seguiré insistiendo en que, sin dar las gracias por las hijas e hijos, por los momentos de felicidad compartidos —duraran lo que duraran— y por lo aprendido y caminado juntos, es muy difícil recuperar la paz interior y la buena armonía familiar.

«Yo también te doy las gracias por todo, pero no te olvides de pasarme la pensión»

Ay, amor de mis amores... Lo que dices es deseable y nada sencillo, Ceci. Puedo imaginarme la cara que pondrían algunas personas si su expareja va y les dice: «Gracias por los hijos, por el amor y por lo que he aprendido contigo». Estoy segura de que algunas se pensarían que se han fumado algo o le mandarían directamente al cuerno. Y alguna que otra pensaría: «Sí, sí, yo también te doy las gracias por todo, pero no te olvides de pasarme la pensión», o, como un caso que conozco: «Si tan agradecido estás y tanto me quieres, por qué no me das una segunda oportunidad».

Hay que llevar cuidado, primero porque este reconocimiento no es un simple dar las gracias, sino un sentimiento profundo de gratitud, que ha ido calando con el tiempo, después de haber pasado por un proceso de duelo y reajuste personal. Y segundo, porque puede que solo sirva para reavivar reproches o para confundir las cosas. Por eso, no siempre es aconsejable decírselo de palabra; hay ciertas ocasiones en que basta con que se manifieste a través de las actitudes. Por otra parte, a veces el vacío o el resentimiento del otro es tan grande, ya no solo por lo relacionado con la ruptura, sino también por otros desajustes adicionales suyos, que, por profundo y sincero que sea el reconocimiento, no llegará a tocarle el corazón ni a llenar ese vacío. Es como si hubiera un agujero sin fondo o un muro en el que todo lo que llega rebota.

En cuanto a las pensiones, hay que distinguir la de los hijos e hijas, que es indiscutible y es una falta de responsabilidad no pasarla, de la que a veces se da a la expareja. Sobre esta última, conozco casos que son un abuso o una venganza con todas las de la ley. Tengo una amiga que lleva ya más años con su marido de los que él estuvo con su primera mujer. Sin embargo, este le sigue pasando una pensión a aquella, al margen de la que le pasa al hijo, a pesar de que la exmujer trabaja y el reparto de bienes fue muy considerado para con ella. La pensión del hijo ya te digo que me parece indiscutible hasta que sea autosuficiente, pero la de ella… Cuando hace un par de años pidió el divorcio para casarse con mi amiga, él no quiso pedir la revisión del convenio de separación porque sabía que supondría comenzar con pleitos y, sobre todo, para no ponerse al hijo en contra. Mi amiga dice que tiene la sensación de estar pagando una especie de alquiler de marido a su antigua propietaria para que los dejen vivir en paz.

También sé de algunos hijos e hijas que, cuando encuentran trabajo, mienten sobre sus condiciones laborales para que su padre o madre no deje de pasarles la pensión. En este tema de las pensiones, hay casos en que sufrimos todavía la herencia del pasado, pero, por suerte, cada vez hay más sentencias que las limitan en el tiempo, incluso en el caso de que la expareja no trabaje.

Lo que yo me pregunto, Cecilia querida, es dónde queda la dignidad de la persona en estos casos. ¡Qué maravilloso sería si el agradecimiento, el cariño y el respeto se dieran en todas direcciones!

A la que aparece un tercero, se va todo al traste

A la vista está, Evica mía, que el reconocimiento ni se da siempre ni mucho menos en todas direcciones. Como tú misma dices, quien tiene un vacío tan grande no está por la labor de reconocer ni agradecer nada, y mucho menos por pensar en su propia dignidad.

Casos como el de tu amiga hay varios, e hijos/as que le hacen la pirula a los padres, también.

A veces, hay parejas que se dan el reconocimiento mutuo, se agradecen lo vivido, se implican conjuntamente en llegar a buenos acuerdos y se prometen que van a respetarse y a cumplir con lo pactado; incluso han llegado a firmarlo ante mí, y, de la noche a la mañana, todo cambia. Parecía que todo se había cerrado bien y pasan del amor al odio en unos instantes. Ocurre, sobre todo, en cuanto uno de ellos conoce a otra persona, o bien se entera de que su expareja se divierte, que está comenzando a salir con alguien, o porque de repente se dan cuenta de que ya no hay vuelta atrás y no van a volver juntos. Habían adoptado actitudes conciliadoras con el anhelo secreto o la esperanza inconsciente de poder recuperar la relación. A partir del momento en que ven que esto no va a ocurrir, entran en una dinámica de descalificaciones y hostilidades que se puede prolongar indefinidamente en el tiempo, repercutiendo negativamente en sus hijos e hijas y creando también bandos —que hasta ese momento no existían— entre las familias respectivas.

Últimamente estamos viendo el caso de muchos adolescentes, hijos de parejas separadas, que además de los problemas propios de la etapa, que ya son bastantes, están presentando otros que tienen que ver con el hecho de que los padres actúan como si hubieran borrado al otro de su vida, o les hablan muy mal de él, les dicen que se equivocaron en la elección, que ojalá nunca se hubiesen cruzado esa persona en su camino, que no son buenos padres o madres, etc. Todo esto, aunque los hijos e hijas no lo verbalicen explícitamente, les hace daño. Estos tienen que poder querer a sus madres y padres abiertamente, sin tener que esconder ni callar sus sentimientos, al margen de cualquier problema que aquellos tengan, y tienen que poder seguir confiando en ambos sin que nadie envenene sus relaciones.

Separarse con hijas e hijos adolescentes

¡Cómo no le va a doler a un adolescente que su madre o su padre maldigan haberse cruzado en la vida con su otro progenitor! De algún modo, Cecilia, es casi como renegar de ellos, pues nacieron de ese encuentro. Y ya hemos dicho que lo deseable sería poder decir que estuvo bien haberse conocido, aunque solo fuera por eso.

Separarse durante la adolescencia de hijos e hijas no es mejor ni peor que hacerlo durante la infancia. Lo determinante no es la edad de los hijos e hijas, sino la actitud emocionalmente adulta, madura y sin dramas de madres y padres. El compromiso de ambos progenitores para transformar sus propias emociones y respetarse es el mejor diapasón para modular las emociones de sus hijas e hijos. Es cierto que hay adolescentes que se rebelan abiertamente contra la decisión de sus padres, algo que no suele ocurrir en la infancia. Pero contra lo que se rebelan no es tanto contra la separación en sí y sus dificultades naturales, como contra las dificultades sobrevenidas que les acarrean las actitudes inmaduras de los padres o la guerra abierta entre ellos.

Precisamente, a partir de la adolescencia, son más capaces de comprender las dificultades de las parejas. A veces, ven con meridiana claridad que son incompatibles o que no pueden seguir juntos, y puede que hasta les parezca lo más sensato y adecuado que se separen. En algunos casos, incluso se lo llegan a pedir. Pero solamente van a respetar de corazón las dificultades adultas si sienten también compresión y respeto hacia las suyas, si se les escucha y se les pregunta y, sobre todo, si ven que sus progenitores se implican de verdad en querer estar bien y en hacer lo posible para que ellas y ellos también lo estén. Escucharles no implica que lo decidan todo ellos, pero sí preguntarles cómo se sienten, tener en cuenta sus opiniones en la medida de lo posible y en algunos de los cambios que más directamente les afectan.

Hay una anécdota muy bonita que cuenta el profesor y escritor David Cirici, en una columna sobre separaciones, basada en su propia experiencia, en el suplemento educativo «Criatures» del diario *Ara*. Se ve que la madre de sus hijos los llamaba al móvil del padre cada vez que quería hablar con ellos y él siempre les pasaba directamente el teléfono cuando veía que era ella. Un día, su hijo preadolescente le pidió que se pusiera él y hablaran antes. Él le preguntó al hijo por qué tenía que ponerse si ya sabía que era para ellos. El hijo le contestó que «porque aquello los distanciaba». Dice Cirici que no es que su hijo les quiera ver juntos, sino que no los quiere ver distantes. «Le gusta escuchar que hablamos de los deberes de verano o de las cremas solares. Que hablamos de ellos. Los hijos necesitan unos padres que, pase lo que pase, sigan manteniendo un cierto entendimiento como padres».

Tan sencillo, tan bonito y a veces tan difícil como esto, Cecilia.

«Papá sí me deja, me voy a ir con él»

O «Mamá sí me deja, me voy a ir con ella». Me ha venido esta frase porque, efectivamente, Eva, lo que quieren las hijas y los hijos, adolescentes o no, es que madres y padres sigamos hablando y nos sigamos entendiendo. Y cuando esto no es así, cuando no se dan este equilibrio emocional, comunicación y respeto tan necesarios a los que aludes en tu carta, a menudo comienzan los problemas de comportamiento, los episodios de rebeldía, y se inician también los chantajes emocionales de los hijos hacia a los padres, que suelen darse en la adolescencia y a veces un poco antes.

«Papá me deja hacer esto en su casa», «Mamá me deja acostarme más tarde», «Mamá no me obliga a terminarme la comida o a comerme lo que no me gusta», «Papá me ha comprado esto», cuyo mensaje implícito es muchas veces: «me quiere más que tú» o «a ver cómo lo superas». De ahí, se puede pasar fácilmente al «Me voy a ir con papá (o mamá), que me quiere más, o me deja hacer lo que yo quiero, o me riñe menos, o no me agobia, no me machaca, no me come la cabeza o no se amarga como tú».

La mejor manera de evitar o desactivar este tipo de chantajes es que los padres se continúen validando, respetando y apoyando como padres, que sepan poner el amor a sus hijos e hijas por encima de las emociones difíciles que la separación les genera, y que continúen dialogando y tomando conjuntamente las decisiones relativas a ellos, pensando en el bien de estos en lugar de utilizarlos para hacerse daño. Cuando logran ponerse de acuerdo en los regalos que les harán y en cuestiones tan cotidianas como, por ejemplo, las horas de llegada a casa o de acostarse, el uso de las pantallas, sus tareas dentro del hogar, etc., y además les dicen: «Papá y yo (o mamá y yo) hemos hablado y estamos de acuerdo en que esto sea así en las dos casas», los progenitores se están validando entre ellos y esto les da más fuerza y credibilidad, y no hay lugar para chantajes.

Tampoco hace falta que lo hagan todo igual o que estén de acuerdo siempre; es lógico que en ciertas cosas cada cual tenga su estilo personal. En estos casos, hay que respetar cómo lo hace el otro progenitor, aprovechar las ventajas o lo bueno de cada situación y decirles que «es natural que haya algunas cosas que en la otra casa se hagan de manera distinta y es bueno saber respetarlo y adaptarse». Pero en lo básico y fundamental que atañe a la buena crianza y a la protección y crecimiento saludable de los hijos e hijas hay que procurar siempre llegar a un buen entendimiento y que haya un equilibrio. No es recomendable, por ejemplo, que uno de los progenitores vaya a recogerlos siempre que salen de fiesta y otro les deje volver a cualquier hora y de cualquier manera.

Tendríamos que divorciarnos a la islandesa

En mi caso, Cecilia, nuestros hijos jamás han incurrido en chantajes de ningún tipo. Y con su padre tampoco hemos competido nunca por ser más enrollados o permisivos que el otro. Aunque tengamos caracteres y estilos de vida distintos, las normas más importantes han sido las mismas o muy parecidas en ambas casas. En los regalos de Navidad o de cumpleaños siempre nos hemos puesto de acuerdo, hemos procurado que hubiera un equilibrio, y en varias ocasiones se los hemos hecho entre los dos.

Ahora ya son mayores y tienen sus propias vidas, pero seguimos reuniéndonos en torno a ellos. Te lo digo porque hay parejas que, cuando los hijos crecen, se alegran porque piensan que por fin ya van a poder librarse para siempre del otro progenitor. Yo no lo veo así. Cuando nuestro hijo mayor se casó, le acompañamos los dos a escoger el traje de novio y se lo regalamos conjuntamente. Cuando el pequeño terminó un máster que cursó en la Universidad de Wageningen, viajamos juntos con nuestro hijo mayor y mi actual marido a su fiesta de graduación, nos alojamos en el mismo hotel y compartimos varios días allí. Fue lo más normal del mundo y ninguno de los cuatro sentimos ningún tipo de incomodidad, al contrario.

No lo hacemos solamente por nuestros hijos, hay algo más. Para mí, el padre de mis hijos forma parte de mi familia y sé que él también me siente parte de la suya. Cuando murió su madre, a la que yo quería mucho y era un cariño totalmente correspondido, estuve a su lado y asistí al oficio religioso. Al finalizar este, le pregunté si al cementerio preferían ir solamente la familia y él me respondió: «Tú eres de la familia». Me emocionaron mucho estas palabras, pues su significado adquiere una profundidad y una belleza mucho mayores cuando ya no eres pareja.

No lo considero una rareza, es lo deseable y no somos los únicos. Hace unos años, leí un reportaje de John Carlin sobre Islandia, en *El País Semanal*, donde decía que allí es muy normal tener hijos de distintas parejas y que todos se consideren familia. «Todos» incluye a las parejas, exparejas y a sus respectivas familias. Contaba que cuando es el cumpleaños de un niño no solo acuden a la fiesta las distintas parejas de sus padres, sino también todos los abuelos y flotas enteras de tíos y tías. Los niños se sienten estupendamente con toda la familia unida a su alrededor y con sus padres manteniendo una relación civilizada. Lo achacaba en parte al hecho de ser un país pagano, con menos tabúes que otros, y de personas prácticas y que van al grano.

A mí no me parece solo fruto de ser personas pragmáticas sino también de corazones realmente grandes, abiertos y generosos.

La compartida, ¿la mejor custodia?

Por supuesto que no sois los únicos, Evica mía, hay por lo menos siete más como vosotros y toda Islandia, aunque es un país muy poco poblado y tampoco hace subir mucho el porcentaje. Hablando de Islandia, parece ser que allí lo más normal es la custodia compartida, que se opta por ella de forma casi automática.

Desde 2007 se ha impuesto también en España. Según datos del INE de 2018, en una década se ha triplicado y sigue en aumento. En 2019, la compartida se otorgó en un 37,5 % de las separaciones, y en 2020 en un 41,4 %. Es una forma de custodia que se instauró para que hijos, hijas y progenitores disfruten unos con otros del mismo tiempo por igual. Supone la mitad del tiempo con uno y la otra mitad con el otro, y hay varios modelos en cuanto al reparto y calendario. A mí me parece bien cuando ambos tienen vidas, horarios y actitudes que les permiten organizarse de maneras equitativas y atender a sus hijos e hijas en condiciones similares y con la misma calidad.

Bien aplicada, es una forma de custodia justa y ecuánime para todos los miembros de la familia y es la mejor vista en estos momentos, pero esto no significa que sea la mejor en todos los casos. Ninguna forma de custodia es la ideal por sí misma, depende de cada familia y situación. Hay parejas que vienen a la consulta que han optado por la compartida y la llevan muy bien. Sin embargo, también vienen muchas madres (en mi experiencia más que padres) que se quejan de que tienen una compartida pero que no es real, y están muy enfadadas porque en realidad es como si tuvieran ellas la guarda y custodia exclusiva. Las entiendo y no me extraña que en muchos casos terminen en los juzgados, que para mí es algo que debería evitarse a toda costa.

Lo que a veces veo que hay detrás de pedir una compartida es que se quiere evitar pasar la pensión alimenticia de los hijos e hijas a la otra parte, aun sabiendo que no los van a poder atender adecuadamente. Esto no es la norma general, ni mucho menos, pero sí se da en algunos casos y genera mucho enfado en la madre o el padre que se tiene que ocupar de ellos más tiempo del pactado y del que le corresponde. A veces, se han organizado la vida para poder formarse mejor, estudiar alguna carrera o simplemente descansar y tener tiempo libre, y al tener que hacerse cargo de los hijos cuando «no les tocan» no pueden seguir adelante con sus proyectos. Esto genera mucha rabia hacia el otro progenitor, que hijos e hijas lógicamente perciben, además de que supone vivir con una sensación de improvisación, incertidumbre, incluso de caos, de ir de un lado para otro sin rumbo, que les descoloca bastante. En estas situaciones, los hijos e hijas también pueden llegar a sentirse un estorbo para sus padres.

El juzgado, ni pisarlo

Yo también pienso que ninguna forma de custodia es la ideal por sí misma, Cecilia. A finales de los noventa, cuando yo me separé, la custodia se otorgaba de manera casi automática a las madres, y a los padres se les asignaba un régimen de visitas. Según datos del INE de 2020, la custodia monoparental materna sigue siendo la forma mayoritaria, un 54,5 % de casos frente al 3,9 % en que se otorga al padre —dato que me sorprende, teniendo en cuenta que cada vez son más los padres que se implican por completo en la crianza—. Instituciones y otros familiares suman menos del 1 %. Y el resto es la compartida, que puede ser fatal cuando es impuesta por la justicia porque los progenitores no han llegado a un acuerdo en otras posibles fórmulas.

Para mí, la custodia ideal es cualquiera que cumpla con los siguientes requisitos: que sea consensuada por ambos progenitores, pensando en el bien de hijas e hijos, y que ambos cumplan con lo pactado; que implique el menor número de cambios posibles y que los que vayan a producirse se prevean, se expliquen bien, estén muy claros y se verifique *a posteriori* su adecuación; que, a poder ser, haya proximidad entre los domicilios, tanto si es compartida como monoparental a favor de uno; y, lo más importante, que se dé una buena comunicación y relación entre los progenitores.

Otro aspecto delicado de la compartida es cuando son los hijos los que se quedan en el domicilio familiar y los padres van y vienen. No es la modalidad más habitual, probablemente porque, como dice Silvia Palou, «puede ser muy difícil de gestionar, si no es que la relación entre los adultos es muy buena y serena». Además, para los hijos e hijas, «la sensación de que son ellos los que están al frente puede representar una carga demasiado pesada de llevar». O puede que les haga sentirse los dueños de la casa y les otorgue un poder que no les corresponde, por lo que en estos casos es importante que los progenitores escenifiquen claramente el relevo de funciones y que son ellos quienes llevan y se alternan la batuta. Aun así, «puede haber casos que encuentren en esta opción un confort para todos los miembros de la familia». Cuando es definitivamente inviable es cuando hay nuevas parejas de los progenitores.

En cuanto a lo del juzgado, opino como tú, mejor ni pisarlo. Que una tercera persona tenga que decidir algo tan importante para una familia es muy triste y bastante arriesgado, además. La abogada y mediadora familiar especializada en divorcios y rupturas de pareja, Mon Tur, explica en su libro que el paso de una familia por la administración de justicia suele distorsionar y empeorar las relaciones y que casi nadie sale satisfecho. Recomienda no considerar nunca de entrada la vía judicial como opción, salvo en casos de violencia, y puntualiza que en los juzgados se encuentra legalidad, no justicia. Que las sentencias judiciales suelen ser bastante estandarizadas y nunca atienden al detalle a las necesidades e intereses de cada familia. Deja muy claro que ninguna autoridad judicial podrá ofrecer nunca una respuesta tan adecuada ni un traje tan a medida como los acuerdos que sea capaz de tomar la propia pareja, y señala que son de gran ayuda la mediación y el derecho colaborativo.

El mundo al revés, o cuando hijos e hijas ejercen de padres o madres

Me parecen muy buenos y dignos de tener en cuenta los consejos de esta abogada, Eva. En los casos que yo conozco, donde ha habido denuncias y juicios, ha ocurrido como ella dice. Las relaciones no solo no han mejorado, sino que han empeorado. Muchas parejas, además de insatisfechas con las sentencias, se quedan más resentidas aún y con el amor propio herido, con una sensación de fracaso por no haber sido capaces de llegar a acuerdos por sí mismas, que se acentúa cuando resulta que han tenido que pasar por el mal trago y a veces la «deshonra» que les supone la justicia, y encima tampoco han podido resolverlo de un modo satisfactorio. Y ya ni te digo lo que representa para los hijos e hijas cuando tienen que ir a declarar. Ser neutrales cuesta mucho cuando hay implicaciones afectivas tan fuertes, y normalmente las sienten más hacia una de las partes —la que consideran más débil, ven peor o les cuida mejor—, y si son leales a una se sienten desleales con la otra, por lo que les supone un auténtico desgarro.

El coste emocional se suele multiplicar cuando se pasa por el juzgado, por lo ingrato del propio hecho en sí, y porque las sentencias no arreglan nunca los desajustes emocionales de base. No van para nada al fondo del problema cuando, por ejemplo, a raíz de la separación, se da la inversión de roles que hemos comentado en cartas anteriores y las hijas e hijos se convierten en cuidadores de sus progenitores, dejando sus necesidades a un lado —y a veces su propia vida— para atender las del progenitor que consideran más desvalido.

Las sentencias tampoco solucionan el sentimiento de culpa que les puede acarrear a los hijos e hijas el hecho de que, muchas veces, cuando se entra en procedimientos judiciales, tienen que elegir a uno y rechazar al otro, pues ya hemos dicho que en el fondo de su corazón los necesitan a ambos. Todo esto les puede generar ansiedad y sensación de desprotección por una responsabilidad y una sobreexigencia que les vienen grandes. O todo lo contrario, un sentimiento de superioridad, de sentirse más grandes y mejores que sus propios padres, o al menos que uno de ellos, y llegar a adoptar actitudes prepotentes o tiranas hacia estos y hacia otras personas.

Todo esto no se resuelve en los juzgados, querida mía, sino con la propia consciencia, crecimiento personal y ayuda terapéutica. Afortunadamente, en el ámbito de la justicia cada vez hay más profesionales que se forman y se implican para que esto cambie a mejor.

«Sé que el monopatín es sagrado para ti»

¡Ay, Cecilia querida! Vamos a contrarrestar todo esto, tan amargo a veces, con un toque de belleza y ternura, que también los hay y nos dibujan sonrisas.

Te voy a contar una historia bonita que publiqué hace unos años en el suplemento «Criatures» del diario *Ara*, donde he tenido una columna quincenal desde 2010. Una vez, una madre separada me preguntó: «¿Hago bien en castigar a mi hijo sin un monopatín que le ha regalado su padre?». El monopatín en cuestión le encantaba al hijo y a ella le causaba rechazo. Esto de castigar los hijos con lo que les gusta mucho a ellos y no nos gusta nada a nosotros es una actitud bastante habitual, no solo en las parejas separadas. En este caso, al rechazo hacia el regalo en sí, se le añadía el sentimiento de aversión de la madre hacia el padre, que además de vivir fuera y ver poco al niño, se había quedado según ella el papel más agradecido de hacerle regalos y llevárselo de excursión o de viaje, mientras que a ella le había tocado el más ingrato de educarlo a solas en el día a día.

Empecé felicitando a aquella madre por el solo hecho de formularse aquella pregunta y por su coraje. A las madres y padres no se nos puede pedir que lo hagamos todo perfecto, pero sí que estemos dispuestos a cuestionarnos lo que hacemos y a revisar si podemos mejorarlo. Por eso me pareció digna de loar su pregunta. Le respondí que en lugar de si hacía bien o mal, era preferible plantearnos si lo que hacemos ayuda a nuestros hijos a crecer, a sentirse más alegres, confiados y en paz, a tejer unos buenos vínculos y a reparar heridas, o más bien contribuye a ocasionarles malestar o pesar. Según me explicó, la amenaza de quedarse sin monopatín hacía reaccionar positivamente a su hijo mucho más que otras cosas, pero también se daba cuenta de que le dolía especialmente este castigo porque era con un regalo del padre.

Mi sensación fue que, efectivamente, aquel monopatín era sagrado para el niño porque representaba un vínculo también sagrado para él: la relación con su padre. A través del monopatín debía de sentirse más unido y más cerca de él. Por eso le recomendé que le dijera al niño que no le castigaría más sin el monopatín porque se había dado cuenta de que era tan sagrado para él como lo era su padre. Un gesto tan sencillo como este es toda una muestra de respeto por el padre y una auténtica caricia para el alma de la criatura. Para ello, solo hacía falta que la madre fuera capaz de dejar en segundo término sus sentimientos personales hacia su expareja y de priorizar los del niño, y también aquellos suyos como madre, tan bonitos y entrañables, que habían sabido ver el corazón de su hijo y la habían llevado a formularse y formularme aquella pregunta.

Cosas bonitas que van en aumento

Preciosa la historia del monopatín, cariño mío. Hay objetos simbólicos, Eva, que representan mucho más que el propio objeto porque son depositarios de recuerdos y emociones muy profundas y entrañables. Cuando se produce una separación, algunos de estos objetos se convierten en formas saludables y bonitas de hacer un poco más presente y sentir un poco más cerca a alguno de los progenitores, ya sea al que está menos tiempo o sencillamente al que está ausente en ese momento, y es muy importante para los hijos e hijas que sepamos verlo, validarlo y permitirlo.

Pensando en historias bonitas, me han venido a la mente una serie de gestos que me parecen preciosos y que, aunque todavía no sean actitudes generalizadas, van en aumento y se dan bastante más que hace quince años, cuando publicamos por primera vez este libro.

Cada vez son más las parejas que se quieren separar bien y que consiguen hacerlo sin quedarse estancadas en resquemores y resentimientos. Piden ayuda antes de llegar a hacerse daño y ya no vienen tan hechos polvo ni terminan siempre heridos. Me reconforta mucho ver que las hay que se saltan lo pactado, no para fastidiarse sino para ayudarse.

Entre lo que más me conmueve está el caso de una madre joven, que los miércoles lleva a su hija a pasar la tarde con sus abuelos paternos, es decir, con los padres de su ex, para que puedan verla, porque este no puede llevarla. Lo hace tanto las semanas que le toca tenerla a ella como las que no, y no es porque no pueda hacerse cargo de la niña, sino por lo agradecida que está a sus exsuegros y por el cariño que les tiene y que sabe que le tienen a su hija.

Así mismo, me parecen muy bonitas las actitudes generosas y atentas con las exparejas cuando estas tienen nuevas parejas. Por ejemplo, el caso de una chica cuyo exmarido tuvo un hijo con su nueva pareja y ella se prestó a echarle una mano con la hija común esa semana, aunque no le tocara, para que él pudiera atender mejor a su nueva familia. Y luego están los que son capaces de compartir mesa y celebraciones con la nueva pareja de su expareja e incluso darse un abrazo. Estos ya van para nota.

Hay cosas que su padre sabe hacer mejor que yo

Pues vamos a seguir con cosas de estas que nos alegran el alma, nos sirven como referentes y nos aportan luz y esperanza, que buena falta nos hacen, ¿no te parece, Ceci?

Voy a contarte otra historia bonita, relacionada con mi exmarido. Hace años, este le dijo a nuestro hijo mayor algo que a mí me llegó al alma. Mi hijo y yo discutimos y este llamó apenado a su padre para contárselo. Tengo que confesarte que me sentí un poco incómoda cuando me percaté de que estaba hablando por teléfono con él. Pero, cuando mi hijo colgó, se me acercó en un tono conciliador, me pidió disculpas y pudimos hablar de otra manera. Nos reconciliamos y acabamos fundiéndonos en un abrazo.

Al cabo de unos días pude hablar con su padre y le dije: «No sé qué le dijiste el otro día a Marc, pero fuera lo que fuera te lo agradezco. Vi que hablar contigo le hizo bien y facilitaste mucho que pudiéramos reconciliarnos». Me confesó lo que le había dicho y era algo tan sencillo y emotivo como: «Tu madre es una de las personas que más te quiere en el mundo. Cuando os enfadéis afloja un poco y ella nunca te negará el diálogo».

Aquel día descubrí que hay cosas que su padre sabe hacer mejor que yo. A menudo la gente cree —y nosotros mismos también— que las personas que nos dedicamos a la educación o a la terapia tenemos muy claro cómo se resuelve todo y esto no es verdad. Nos equivocamos como todo el mundo, y muchas veces también necesitamos que alguien vea lo que nosotros no podemos ver y nos ayude desde fuera. La «lección» que aprendí ese día fue muy importante en este sentido. Y es algo que solo ha sido posible después de atravesar ambos el largo y duro proceso que venimos describiendo.

En este caso, estamos hablando de un doble reconocimiento. Por un lado, el de la expareja, y por otro el de aquellas personas o profesionales a quienes tenemos que recurrir o de quienes tenemos que aprender, a veces, aun dedicándonos al ámbito de la educación, la psicología o la terapia. No es nada fácil y lograrlo tiene mérito.

Presente de indicativo del verbo «reconocer»

¿Que si tiene mérito, Evica? Muchísimo.

Lo ideal es que el reconocimiento se dé, como bien decías antes, en todas direcciones: de cada persona hacia su anterior pareja, de la nueva pareja hacia la anterior y de la anterior hacia la nueva. Si lo primero es complicado, lo segundo más y lo tercero ya ni te digo, sobre todo en los casos en que la tercera persona está desde el principio de la separación, a excepción de aquella alma bendita que tú conoces a la que le consta que «la otra es una excelente persona».

No es coser y cantar tampoco el reconocimiento de la actual pareja a la anterior. Hay quien no quiere ni oír hablar siquiera de las exparejas de su actual pareja. A veces sí se habla de esa persona, pero solamente para ponerla verde, y esto también suele ser un error. A la nueva pareja hay que decirle que esa persona estuvo en nuestra vida y que hay que darle un lugar, sobre todo cuando hay hijos/as.

Imagínate lo que puede ocurrir si no se da este reconocimiento, cuando la nueva pareja, de la noche a la mañana y sin medir apenas las consecuencias, decide convivir en la misma casa, junto con los/as hijos/as que uno o ambos puedan tener de la anterior relación. Es bastante habitual que el nuevo compañero de la madre, por poner un ejemplo, quiera caer simpático y ganarse el cariño de los/as hijos/as del otro excediéndose en regalos, consintiéndoles cosas que no les permite su padre o tratando de suplantarle y de parecer mejor. Esto a veces resulta atractivo pero también puede provocar el rechazo del hijo o hija, que lo percibe como un usurpador o como alguien que pretende «comprarle» y mostrarse mejor que su padre o madre. Dicho rechazo puede manifestarse de diversas maneras, a menudo con conductas agresivas o extrañas.

En fin, querida mía, que el secreto está en aprender a conjugar completito el presente de indicativo del verbo «reconocer»: Yo reconozco, tú reconoces, él o ella reconoce... A veces, entre las parejas jóvenes, veo situaciones que significan un rayo de esperanza en ese sentido. A algunos les cuesta bastante menos que a las generaciones pasadas reconocer y legitimar a las anteriores parejas de su nuevo compañero o compañera. Llevan la cuestión de los ex con mucha más naturalidad. Conozco a algunas chicas que han sido capaces de ponerse de acuerdo con la exmujer de su nueva pareja en cuestiones relacionadas con el cuidado de los hijos e hijas, y esto también tiene un gran mérito.

«También te quiero a ti»

Anda que no es difícil conjugar el verbo reconocer en algunos casos, Cecilia. Te leía y pensaba: «¡Madre mía, a cuántas personas hay que reconocer si te separas. Menos mal que no vivo en Islandia!».

La nueva pareja tiene que tener muy claro que el padre y la madre son sagrados para los hijos e hijas del otro y no tiene que pretender ocupar nunca su lugar, esforzarse para que lo vean mejor, ni ir de guay o enrollado. Lo que sí puede es ofrecerles apoyo y ayuda en determinadas cuestiones y momentos, pero siempre desde el lugar de pareja del padre o madre y solo como amigo o amiga.

Si por ejemplo una hija siente que la nueva compañera de papá está intentando ocupar el sitio de su madre, y que además la descalifica —aunque no lo haga abiertamente—, no solo puede ocurrir que se enfrente a menudo con ella y los problemas vayan en aumento, sino que puede llegar a provocar incluso la ruptura de la nueva pareja. La hija actúa de esta forma por amor y lealtad a la madre. Es como si le dijera: «Esta es mi forma de quererte, no dejando que a papá le funcione la relación con ella».

Aunque hay excepciones, este respeto al padre o madre de los hijos e hijas de tu nueva pareja normalmente es más fácil si tú también tienes hijos. A quienes no los tienen, les puede costar más. Quien es madre o padre sabe lo que esto significa y, generalmente, necesita menos eclipsar a la madre o padre de los hijos de su pareja.

Por otra parte, que la nueva pareja sepa mantenerse en su lugar no significa que tenga que limitarse a ser un convidado de piedra. Si colabora en las tareas de la casa y presta su ayuda a los hijos e hijas de su pareja, también tiene que tener voz y voto, participar en las decisiones importantes que tienen que ver con la convivencia y hacer cumplir las normas que se establezcan. Lo que concierne a la educación de los hijos e hijas tiene que dejárselo sin embargo a sus madres y padres, tiene que ser muy prudente en ese sentido y muy consciente, además, de que no son los/as hijos/as de su pareja quienes le han elegido y no puede obligarles a que le quieran o a que les caiga bien.

Todo esto es sumamente importante. Solo cuando el hijo o hija sienta en el fondo de su alma que la nueva pareja respeta realmente a su papá o mamá, y además le quiere a él o ella, también desde el fondo de su alma podrá decir: «Quiero a mi padre y a mi madre, y también te quiero a ti». Esto le permitirá además vivir tranquilamente, centrado en los problemas propios de su etapa y no en otras cuestiones que le distraen, le hieren y no son responsabilidad suya.

Las familias «normales» de hoy

Pues, Eva, ríete tú de lo que supone aprender a llevarse bien con las nuevas parejas de madres y padres o con los hijos e hijas de una nueva pareja. Esto es sencillico al lado de lo que comportan los nuevos modelos de familias.

Hasta hace unos años, el tipo de familia habitual era la nuclear y en nuestra generación la familia extensa, con abuelos, abuelas, tías o tíos solteros y a veces otros parientes conviviendo bajo el mismo techo. Con el aumento de las separaciones y la ley del divorcio de 1981, todo esto empieza a cambiar. Luís Rojas Marcos dijo, hace años, que a partir del siglo XXI las nuevas generaciones tendrían varias parejas a lo largo de la vida. Y, ciertamente, esto está siendo así, hemos comenzado a verlo como normal y ha supuesto la aparición de nuevas formas de familia. Joan Corbalán habla de «familias modernas», que incluyen a familias reconstruidas y de fusión, y para él «la familia no se destruye, se transforma».

Pero esa trasformación supone una serie de cambios para los que muchas veces no tenemos nombre ni tampoco preparación. Del mismo modo que no hay todavía una cultura emocionalmente saludable de las separaciones, y en muchos casos no se logra pasar de una pareja a otra sin tener que acudir a los juzgados o sin dañarse, tampoco sabemos cómo afrontar estas nuevas realidades familiares.

Cuando una pareja con hijos se separa y cada miembro establece una nueva relación con otra persona también con hijos, y además luego tienen otros en común, la confusión está servida. Me he encontrado más de una vez con niños y niñas que me dicen que tienen seis u ocho abuelos: dos del padre, dos de la madre, dos de la nueva pareja de papá y dos de la nueva pareja de mamá. Esto en principio no reviste ninguna gravedad, lo preocupante es que el niño o niña no sepa cuál es su lugar en la familia porque no va a poder arraigarse, y esto le puede dificultar encontrarlo en la escuela y en la vida. Por otro lado, si estas nuevas parejas vuelven a separarse, algo que ocurre en muchos casos, entonces se tienen que despedir y pasar un duelo por cada una de estas personas con las que han creado un lazo afectivo. ¿Cómo no van a necesitar ayuda psicológica si se pasan la vida de duelo en duelo?

Una niña, cuya madre iba a empezar a convivir con su cuarta pareja, le dijo a esta: «Mamá, vete tú con tu novio nuevo, que yo me quedo con este de ahora», refiriéndose al tercero. Como me decía hace poco una amiga: «Mi hija dice que en su clase ya solo hay cuatro compañeros con familias "raras" porque sus padres no están separados».

Tus hijos, los míos y los nuestros

Entiendo perfectamente, Cecilia, a estas hijas o hijos que no quieren que sus madres o padres les presenten a más parejas o que se plantarían con alguna de ellas. ¿Cómo no voy a entenderlo si a mí me ha ocurrido con las nuevas parejas de algunas de mis amigas o amigos? ¡A partir de la cuarta, no querría conocer a ninguna más!

Además de la confusión que generan a veces en hijas e hijos, las nuevas familias o familias modernas también comportan grandes retos a las propias parejas. Tengo una amiga muy querida que se separó de su marido, tuvo varias parejas posteriores, y con una que era muy maja y que fue con la que estuvo conviviendo más tiempo terminaron separándose, a pesar de que se querían, por el conflicto constante que les ocasionaba las formas tan diferentes que tenían de educar a sus respectivos hijos. También conozco el caso de una mujer que había decidido no tener hijos, y que acabó rompiendo con su pareja por las renuncias y exigencias que le comportó el hecho de haberse juntado con un hombre que tenía dos de una relación anterior.

Hay muchas otras situaciones como estas en las que falta el principio de realidad. Nos enamoramos y pensamos que por el solo hecho de querer a alguien ya todo va a salir bien. Pero si ya una relación de pareja es complicada porque llegamos a ella de familias distintas, con diferentes normas, valores, creencias, principios, educación, etc., imagínate cuando además aportamos hijos e hijas de relaciones anteriores.

La situación se complica por mucho amor que haya entre la pareja.

Por ello, antes de iniciar la convivencia, es necesario pactar muy claramente una serie de cuestiones como, por ejemplo, hablar de la forma de educar que cada uno tiene y acordar normas de convivencia, así como nuevos hábitos y tareas domésticas comunes para los hijos e hijas de ambos. También debe quedar muy claro cuál va a ser el papel que cada miembro de la pareja va a tener en la relación con los hijos e hijas del otro, lo que se está dispuesto a hacer y lo que no. Y que los problemas con los propios hijos e hijas los resuelvan cada uno a su manera con sus respectivas exparejas. Esto puede incluir buscar a alguna persona externa que les cuide, si fuera necesario, para que no recaiga en la nueva pareja. Aun en el caso de que esta se muestre dispuesta, si le supone una renuncia o una carga importante, hay que ir con cuidado porque no es su responsabilidad y estas cuestiones a menudo pasan factura y deterioran la relación.

La comunicación constante, desde la empatía y asertividad, es la mejor herramienta que puede utilizar cualquier pareja —esté separada o no— para ir resolviendo los conflictos que van a ir surgiendo con toda seguridad. Cuando hay amor, respeto y diálogo, es más fácil abordarlos y resolverlos de forma adecuada para todos.

Ve con papá, que yo ahora no puedo

Nos vamos acercando al final y me gustaría explicarte un caso que no quiero que se me olvide, Eva. Tiene que ver con lo que me decías antes, de que te habías dado cuenta de que hay cosas que el padre de tus hijos sabe hacer mejor que tú.

Es poco habitual que en una pareja haya uno que lo haga todo bien y otro que lo haga todo mal. Normalmente, a uno se le dan mejor unas cosas y, al otro, otras, y todo puede funcionar mejor si lo reconocemos y lo tenemos en cuenta.

Pero hay más aún. A veces, después de una separación, uno de los dos se queda bastante más tocado que el otro. También puede haber épocas en que las cosas se complican especialmente para uno de los dos, por lo que sea: por una enfermedad, operación, crisis personal, por algo relacionado con el trabajo... En esos momentos, supone un gesto de una profunda humildad, por parte del miembro de la pareja que está pasando apuros, permitir que el otro se haga cargo de los niños temporalmente, si es preciso. Y es también un acto innegable de madurez, por parte de este último, asumirlo sin ánimo de aprovechar la situación para echárselo en cara o para «quitarle» a los niños.

Una vez vino a la consulta una pareja que quería separarse y la chica padecía un trastorno de personalidad severo. Ella era muy consciente de su problema y reconoció que los niños estarían mejor y más seguros con el padre. Una decisión como esta puede ser interpretada como un abandono por parte de la madre cuando en realidad es un acto de amor que la dignifica, a la vez que representa un voto inmenso de confianza en el padre. Igualmente admirable fue que el padre se hiciera cargo de la situación y asumiera plenamente esta responsabilidad, algo que tampoco es muy común. A veces los padres, cuando se separan, se aferran rígidamente a lo que dice el convenio o la sentencia de separación y son incapaces de amoldarse a determinados cambios, necesidades o imprevistos que ocasionalmente se presentan.

Algunos se diría que, una vez separados, pasan a ser padres y madres a ratos y no quieren que les busquen para nada que no esté contemplado en los acuerdos iniciales, como si sus hijos fueran hijos suyos solamente los días que les tocan.

Aunque no me toquen, siguen siendo mis hijos

En bandeja me lo pones, querida Cecilia, pues precisamente yo también quería comentarte este tema antes de terminar.

Realmente así es. A veces hay padres o madres que se desentienden por completo de sus hijos e hijas cuando no están con ellos. Hay algunos que si a la expareja le surge repentinamente algún contratiempo que le impide cuidarlos y les pide ayuda, le dicen que se las apañe como pueda porque «a mí no me tocan».

Yo soy de las que piensan que los convenios de separación están para cumplirlos. Instaurar unos turnos, unos horarios, unas rutinas y seguirlas da seguridad a los hijos y hace que los progenitores no tengan que estar negociando y renegociando las distintas cuestiones cada dos por tres. Evita peleas y también que uno de los dos se termine aprovechando de la buena voluntad del otro. Pero tampoco es para llegar a según qué extremos. Dos personas maduras saben cuándo se impone saltarse el guion y saben hacerlo sin pedir cuentas ni pasar factura luego, pues tienen claro que sus hijos e hijas lo son a todas horas, no solamente cuando les tocan.

Cuando una pareja se separa me parece de suma importancia, también, que los hijos e hijas puedan seguir saliendo y entrando de las casas respectivas de sus padres cada vez que les haga falta. Va muy bien pensar en cómo serían las cosas si los padres no se hubieran separado y procurar que todo siga siendo lo más parecido posible a como era.

A medida que se van haciendo mayores, puede ser conveniente poner unas ciertas normas para prevenir que no acabe siendo un caos absoluto y estén todo el día de un lado para otro sin ningún tipo de orden ni concierto. Pero, en cualquier caso, es bueno que se sientan libres para estar en ambas casas y, sobre todo, que sientan que su padre y su madre lo son las veinticuatro horas del día.

En este sentido, es deseable que tanto padres como madres acostumbren a los hijos a llamar al otro progenitor para contarle cosas importantes que les ocurren cuando no están con él o ella, y también para saber simplemente como está y hacerle llegar su cariño cuando pasan varios días seguidos sin verse, como por ejemplo en vacaciones. Es un gesto innegable de reconocimiento hacia el padre cada vez que la madre les dice: «¿Ya habéis llamado a papá?» o «Que no se os olvide llamarle», y lo mismo al revés.

Lo que el amor unió, el amor lo separa

Eva querida:
Esto se termina y, después de todo lo dicho, seguramente cuando escuchemos que algún conocido o familiar se ha separado o se va a separar, pensaremos en el largo y doloroso camino por el que va a tener que pasar hasta volver a encontrarse bien. Me da pena hasta escribirlo, pero es una realidad cotidiana y no podemos cerrar ya más los ojos a lo que es. Hay que reconocerlo y mirarlo, pues solo aquello que se mira, aunque duela, se puede llegar a integrar.

Bert Hellinger dijo que hay cuatro tipos de amor en la pareja y la verdad es que me gustó descubrirlo. Voy a tratar de explicarlo a mí manera, completándolo con unas anotaciones que tengo de un taller con Joan Garriga sobre el mismo tema.

Hay un primer nivel, que él denominaba amor a primera vista, que significa: «Me mueves mucho, pero te veo poco». Es la etapa del enamoramiento, del amor ciego. Dice que es el amor más íntimo que hay, pero que no dura para siempre. Luego está el amor a segunda vista, que significa: «Me mueves menos, pero te veo más». Superada la etapa de enamoramiento, vemos al otro tal como es y nos quedamos a su lado. Da comienzo la relación. A continuación, puede haber un tercer nivel, el amor a tercera vista, que es aquel que dice: «Te veo a ti y veo lo que te mueve (tus padres, tus raíces, tus proyectos, tu pasado, tu futuro...), y me quedo a tu lado, con todo lo mío y lo que me mueve, para cumplir nuestras ilusiones juntos». Es la etapa del compromiso.

Finalmente, puede darse un cuarto nivel en el amor, que significa: «Te quiero a ti y a lo que te mueve, aunque ello te lleve lejos de mí». Supone contemplar la posibilidad de la despedida y, llegado el caso, dejar marchar. Sería una buena despedida que cada uno pudiera decir al otro: «Gracias por todo lo que me has dado, lo guardaré para siempre en mi alma y me acompañará en mi futuro». Del mismo modo que se celebra la unión de una pareja, también hace falta un ritual de separación y cierre de la relación. Así, ambos se sienten libres para poder iniciar algo nuevo. Si se despiden desde el agradecimiento por el amor que ha habido, es posible mirar nuevamente a la vida con fuerza, ilusión y esperanza.

Cuando esto ocurre así, podemos decir realmente que lo que un tipo de amor unió, otro tipo de amor, más maduro y profundo, lo separa. Lo que nació del amor se puede cerrar desde el amor si se está dispuesto a pasar por un proceso de transformación y de reajuste personal que no siempre es fácil, pero que es inmensamente necesario, reconfortante y reparador.

EL CLUB DE LAS PAREJAS BIEN SEPARADAS

Pues esto se acaba de verdad. Y vamos a cerrarlo con una última carta escrita a cuatro manos, sobre un club que nos gustaría fundar: el club de las parejas bien separadas.

Este es un club con pocos miembros de momento. Si con estas cartas contribuimos a aumentar el número de socios, o al menos el de personas interesadas en ponerse manos a la obra para ser admitidas, habremos conseguido nuestro objetivo.

Para entrar en el club de las parejas bien separadas no es un requisito indispensable hacerlo con la expareja. Si son ambos los que se inscriben, hay descuento. El coste o precio a pagar va a ser menor, tanto para la propia pareja como para los hijos e hijas. Pero puede apuntarse uno solo. Queremos decir con esto que dar un lugar en el corazón a quien fue nuestra pareja, reconocerlo como igual y respetar su dignidad como persona y como padre o madre se puede hacer aunque él o ella no lo hagan con nosotros, y se puede hacer internamente, cuando no es posible hacerlo de un modo explícito y patente porque la persona no está por la labor.

Seguimos pensando que el verdadero arte está en aprender a conjugar el hecho de poder sentir rabia, tristeza, impotencia y decir a veces «maldita separación», sin demasiada inquina ni acritud, o sin que todo esto se enquiste y se cronifique, con ese reconocimiento y respeto profundo, y en el fondo amoroso, a la persona que fue nuestra pareja y a lo que compartimos con ella.

Acabamos este libro como lo hemos empezado: con una apuesta por la esperanza. En este caso, que si dentro de quince años lo reescribimos de nuevo, los miembros de este club sean bastantes más que «dieciséis».

Epílogo

Mis padres son raros, raros

Un relato sobre las separaciones con mirada de niño

A **mi abuelita Antonia**, que tenía el don de convertir cualquier historia en un cuento y me contó los primeros y los más bellos que recuerdo.

A **mi otra abuela, la «yaya» Rosalia**, que se desvivía por mí, por imprimirme carácter y por conservar siempre la capacidad de reír y bromear.

A **mi abuelo Joan**, por la música que tanto amó y por todo lo que me contó con su violín y sus silencios.

A **mi abuelo Diego**, por su amor a esta tierra que lo acogió y porque su búsqueda de un futuro mejor hizo posible el milagro.

A todos ellos, por los sueños que la guerra y la pobreza truncaron, pero cuyas semillas perviven en nosotros.

El papá y la mamá de Guille estaban muy guapos en aquella foto del día de su boda. Para Guille y su hermano Teo aquella imagen de sus padres, de cuando ellos todavía no habían nacido, tenía algo mágico.

Su mamá y su papá se casaron pensando que lo hacían para toda la vida. Pero la vida les trajo otros planes distintos a los suyos y un día que Guille y Teo no olvidarán nunca —un sábado después de comer— sus papás les contaron que iban a separarse.

A Guille le extrañó solo un poco. Sus padres no solían pelearse y tampoco les veía discutir, pero desde hacía un tiempo tenía una sensación un poco difícil de explicar, algo así como si su papá y su mamá vivieran en dos mundos distintos a pesar de estar juntos. Reían menos y pocas veces se reían juntos. Su mamá parecía medio ausente, había cambiado su mirada alegre por una expresión como de melancolía, y su papá estaba cada vez más serio y más callado.

Dos o tres veranos antes de que papá y mamá nos dijeran a Teo y a mí que iban a separarse, yo les pregunté si algún día se separarían y les dije que a mí me daría mucha pena si algo así ocurriera. Los dos me contestaron que nunca se sabe lo que puede ocurrir en el futuro, pero que de momento no tenían ninguna intención. Y añadieron que, de todas formas, no me preocupara porque, si algún día se separaban, seguirían queriéndonos y cuidando de nosotros siempre. Esto me tranquilizó mucho y ya no volví a pensar en ello hasta el día que ocurrió lo que ni ellos ni nosotros hubiéramos querido que ocurriese nunca.

Los papás de Guille y Teo habían meditado durante largo tiempo su decisión de separarse. Aun así, momentos antes de comunicársela a sus hijos estuvieron en un tris de echarse atrás. Habrían dado lo que fuera para evitarles aquel momento, pero ambos sabían que su historia de amor, que un día había comenzado con el mejor de los propósitos, había llegado a su fin y, aunque se les rompiera el alma, estaban dispuestos a afrontarlo amorosamente, con valentía y dignidad.

No les contaron a los niños las causas de la separación. Lo que sí trataron de dejarles muy claro es que no era por su culpa. Los motivos no tenían que ver con ellos. Además, ni ellos mismos sabían explicar muy bien por qué se separaban. Las causas de una separación suelen ser bastante más profundas y complejas de lo que normalmente creemos y contamos, y pueden pasar años hasta que se llegan a comprender por completo, si es que se llegan a comprender. Así mismo se lo dijeron a sus hijos: «Quizá algún día lo comprendáis o tal vez no lleguéis a comprenderlo nunca. Simplemente ha ocurrido, nos toca vivir algo que ninguno habríamos querido que sucediera, a nosotros nos duele mucho y sabemos que a vosotros también».

Papá nos dijo que casi todo seguiría igual, que iríamos al mismo colegio, tendríamos los mismos amigos, seguiríamos visitando a las abuelitas los fines de semana, iríamos a la playa cuando llegaran las vacaciones, como cada verano, celebraríamos juntos los cumpleaños y nos llevaría a ver la nieve en Navidades...

Solo que él viviría en otra casa y ya no estaríamos con los dos a la vez como hasta entonces.

Mamá nos dijo que si teníamos alguna duda de lo que iba a pasar a partir de la separación que se lo preguntáramos, que si teníamos ganas de llorar que podíamos hacerlo, y si teníamos ganas de mimitos y arrumacos, que se los pidiéramos.

Al cabo de unos días fue el cumpleaños de la abuelita y yo me pasé toda la comida agarrado a la mano a mamá por debajo de la mesa. Me dolía un poco la barriga y con lo que me gustan los pasteles aquel día no quise tomar ni un pedacito.

Vi que a mamá le caían unas lágrimas, pero no lloró. A veces llora, pero no le gusta hacerlo delante de nosotros para no preocuparnos.

La mamá y el papá de Guille y Teo no consideraban que separarse fuera una tragedia, pero tampoco podían hacer como si no ocurriera nada. Las separaciones siempre son tristes y difíciles, tanto para los padres como para los hijos. También para el resto de la familia. Les dolió a todos y ese dolor era bueno reconocerlo y expresarlo. Si lo ocultaban o evitaban, se les quedaría encerrado en el fondo del corazón y les empañaría la mirada.

Cuando papá y mamá se separaron me puse muy triste. Papá no se fue enseguida, tardó todavía unas cuantas semanas en instalarse en su nueva casa, y el tiempo que pasó entre que nos dijeron que se separaban y su marcha fueron los peores días de mi vida.

Todo parecía igual que siempre, pero nada era lo mismo. Papá se encargaba de nosotros a la hora del baño, mamá nos despertaba y nos acompañaba al colegio, papá hacía la compra, mamá nos preparaba los bocadillos, cenábamos juntos casi todos los días y ellos dos seguían durmiendo en la misma habitación, en aquella cama tan grande en la que a mi hermano y a mí tanto nos gustaba meternos los domingos por la mañana cuando nos despertábamos. Antes de ir teníamos que pedirles siempre permiso, si era demasiado temprano nos decían «todavía no», y Teo y yo esperábamos un rato más y se lo volvíamos a preguntar, hasta que finalmente nos dejaban ir. Yo cogía mi osito de peluche y nos metíamos en la cama con ellos. Con papá nos hacíamos cosquillas y dábamos saltos en la cama. Con mamá me gustaba mucho jugar y hablar con el osito. Era un osito muy suave y blandito, y tenía una abertura por debajo, como un títere. Mamá metía la mano por dentro, le hacía hacer gestos y le ponía una voz muy divertida, y yo no me cansaba de hablar con Travieso (así es como se llama el osito que me regaló una amiga de mamá).

Aunque hiciéramos lo mismo, desde el día que nos dijeron que iban a separarse, todo cambió para siempre, y a mí me entristecía mucho pensar que me estaba despidiendo de todo aquello que parecía no tener demasiada importancia y sin embargo era todo mi mundo.

Su mamá los acompañó a ambos la primera vez que visitaron el que sería el nuevo hogar de su papá. Para ella fue un momento muy duro, pero a sus hijos les hizo un gran bien. Fue como si les diera permiso para ser felices con él en aquella casa, aunque ella no estuviera.

El aspecto de su anterior hogar cambió un poco tras la marcha de papá. Su parte del armario quedó vacía. Su ropa, sus libros, su música… ya no estaban, y en la mesa costó acostumbrarse a ser solo tres. Una de las cosas que más extrañaban Guille y su hermano Teo era la foto de la boda, aquella foto que tanto les gustaba y en la que papá y mamá estaban tan guapos y elegantes. Un día llegaron del colegio y ya no estaba.

Cuando llegué a casa y no vi la foto le pregunté a mamá dónde la había puesto. Me explicó que la había guardado para no ponerse triste cada vez que la viera. Yo no se lo dije, pero me enfadé mucho. Aunque estuvieran separados, el día de su boda había existido y a mí me gustaba mucho esa foto, pensar que hubo un tiempo que se quisieron y que por eso nacimos mi hermano y yo.

Pasados unos años, cuando mamá ya no estaba triste como al principio, le pedí si me dejaría poner aquella foto en mi cuarto y me dijo que sí. Me hizo una copia un poco más pequeña –aquella era demasiado grande– y desde entonces la tengo en uno de los estantes de mi habitación y cada vez que la miro siento alegría de que mis padres un día se casaran y me tuvieran, aunque luego se separaran. Ahora a mamá ya no le da pena verla. Al contrario. A veces la mira y dice: «Hay que ver lo guapos que estamos tu padre y yo aquí», y lo dice sonriendo.

Tuvieron que pasar unos años para que sus papás se habituaran a su nueva situación, dejaran atrás la tristeza, la rabia y la frustración y se recompusieran por dentro.

Al principio mamá y papá estaban un poco tontos. Mamá salía mucho y a nosotros nos dejaba a menudo con la abuelita, que nos quiere con locura y siempre nos ha cuidado muy bien. También trabajaba más horas que nunca y hablaba mucho por teléfono con sus amigas. A veces les oía decir cosas de novios. Papá cambió mucho de aspecto, se dejó barba, se arreglaba menos y pasaba más tiempo en el sofá. Cuando él y mamá se veían por algo, se saludaban pero no parecía que se alegraran mucho de verse.

Ciertamente, sus papás pasaron por momentos en que su relación era un poco distante e incómoda. Sin embargo, casi nunca discutían, pensaban antes que nada en sus hijos y en lo que sería mejor para ellos, y procuraban tratarse con respeto y llegar a acuerdos. Con el paso de los años, todo se ha ido suavizando y ahora las cosas son bastante distintas.

Desde hace un tiempo, mamá y papá dicen y hacen unas cosas un poco raras. Papá me dice que aunque él y mamá se hayan separado, seguirán siempre juntos en nosotros, y mamá me dice que aunque ya no estén juntos siguen unidos en el amor que nos tienen y en el deseo de que nuestras vidas sean bonitas y las cosas nos vayan bien. Se llaman y se ofrecen ayuda si uno está enfermo o necesita algo, y cuando se ven se dan un abrazo. También se alían y se apoyan en todo lo que tiene que ver con nosotros y nuestra educación. Yo a veces no entiendo muy bien por qué se han separado, pero como ya nos advirtieron que igual no lo entenderíamos nunca, no me preocupo.

Con el tiempo, los papás de Guille y Teo han podido curar, cada uno a su manera y por su lado, las heridas que la separación dejó en sus corazones y ahora son capaces de mirarse con ternura y cariño. Es por esto que han comenzado a hacer y decir cosas que a sus hijos les parecen un poco raras. Como padres siguen tan unidos como cuando estaban juntos, y esto les da una gran fuerza para educarlos y resulta realmente sorprendente para sus hijos.

Con papá y mamá no hay manera. Son raros, raros, de verdad. Siempre lo han sido y ahora más. Aunque se hayan separado, han seguido formando una piña y no nos han dejado pasar ni una a mi hermano y a mí. Yo pensaba que papá me llenaría de regalos y me lo permitiría todo, para que le quisiera más a él que a mamá, y mamá me llenaría de regalos y me dejaría hacer también lo que me diera la gana para que la quisiera más a ella que a papá, como les ocurre a algunos de mis amigos con padres separados. Pero con los míos todo esto no funciona. Se ponen siempre de acuerdo en todo lo nuestro, incluso los regalos los compran entre los dos.

En las cosas que papá y mamá son muy diferentes, en lugar de criticarse entre ellos, los dos siempre nos dicen que aprovechemos lo bueno de cada uno y de cada casa.

Una vez, me quejé a papá de que mamá no me dejaba ver nunca la televisión hasta que había acabado los deberes. Papá me respondió: «No estarás pretendiendo que yo sí te deje ver la tele antes, ¿verdad que no?». Otro día me quejé a mamá de que papá ya no iba a llevarnos y a recogernos en coche a todas partes, como antes. Mamá me dijo que ahora ya éramos más mayores y que había sitios a los que podíamos ir andando o en autobús.

El papá y la mamá de Guille y Teo nunca hablaban mal el uno del otro y tampoco les consentían hacerlo a ellos. Si en alguna ocasión hablaban con tono despectivo o de malas formas del otro, siempre les decían: «No hables así de tu madre» o «A tu padre tienes que tratarlo con respeto».

Mamá me dice a veces que en muchas cosas soy igualito a papá, y que las hay que le encantan porque son cualidades muy buenas que él tiene. Yo le pregunté cómo era que le gustaban cosas de papá si están separados, y me contestó que ella un día se había enamorado de papá y que haberse separado no le quita todas las cosas buenas que tiene, que son muchas. Nos lo dijo muy convencida y como si fuera lo más normal del mundo. ¿No digo yo que son raros? Aunque lo más raro de todo es que me dicen que se siguen considerando familia y se tienen el uno al otro en el corazón.

Todo esto se ha mantenido así, incluso cuando han aparecido nuevas parejas en las vidas de sus padres.

Mamá hace años que tiene una nueva pareja y papá ha tenido un par y ahora no tiene ninguna. Yo tengo el corazón un poco dividido. Por un lado, me gustaría que nunca se hubieran separado, pero por otro lo que más quiero es verles felices y no se puede negar que ambos están más alegres que en los últimos tiempos que estaban juntos.

Además, tengo la suerte de que el compañero de mamá me explica lo que no entiendo de química y cuando ella se enfada conmigo él conserva la calma y nos ayuda a apaciguarnos. Así que tengo la suerte de seguir teniendo un padre y una madre que me quieren y de haber ganado además a alguien que es más que un amigo, pero menos que un padre y no sé cómo llamarle.

Sus papás les contaban a Guille y Teo que hay acontecimientos alegres que te hacen sentir ligero como una pluma, acontecimientos tristes que te pesan como una losa y acontecimientos que te dan tristeza y alegría al mismo tiempo.

Y que algunas situaciones que al principio te resultan de lo más ingratas o dolorosas, con el tiempo pueden aportarte aprendizajes o beneficios que era imposible imaginar o que tal vez nunca habrías tenido de otra forma.

Siempre agradeceré a mis papás que hayan seguido respetándose y hayan aprendido a quererse de otra manera diferente, después de su separación. Y que a pesar de ello, se sigan juntando a menudo por Teo y por mí. Aunque se hayan separado, yo no me he sentido nunca un pobre niño. Sé que les tengo a los dos, que me quieren, que se quieren y que puedo contar con ellos. Y no son menos dignos que otros padres. Al contrario. Con su forma de llevar la separación me están dando una extraña y a la vez bonita lección de amor.

EVA BACH COBACHO

Agradecimientos

A Jose, por su amor exquisito, sus cuidados, su paciencia y lealtad. También por sus nietos maravillosos (Queralt, Blai, Cèlia y Aleix), que adoro como si fueran mis propios nietos.

A Gerva, padre de mis hijas, por su paciencia, apoyo y cariño, por el amor con que está cuidando de nuestros nietos Izan y Enrique, a los que tanto amamos, y porque todo ha valido la pena.

A Joana, mi primera nieta y muñequita linda. A su otra abuela Vicky (coabuela y comadre), a sus abuelos y a sus bisabuelas, en especial a la adorable iaia Mercè.

A nuestros respectivos padres, Alfredo y Josefa, y Domènec y Sebi. Por la vida, el amor y la familia, por todo y por tanto.

A nuestros abuelos y abuelas, y a todos nuestros antepasados, con un cariño y recuerdo especial para aquellos que son comunes, porque a ellos debemos las semillas de muchas flores que hay en nuestras vidas y también este libro. Para que, desde donde estén, cuiden de él y sigan cuidando de nosotras y los nuestros.

A nuestros hermanos. A Pepe (*in memoriam*), Juan y Alfre, por su cariño y sus cuidados. Y a Ester, compañera del alma, por su amor y devoción de hermana pequeña.

A Concha, prima de Cecilia y madrina de Eva, por el amor que le tenemos y porque, con la forma de tratar a su exmarido y padre de sus hijas, Domingo, nos dio la primera lección de amor relacionada con una separación.

A Olga y a Tito, por una deliciosa y chispeante noche en Madrid, que dejó su huella en algunas cartas.

A nuestras maestras y maestros, y muy especialmente y con gran cariño a Joan Garriga. Bacardí, por su prólogo tan sabio y bello, y por ayudarnos a crecer en saber y como personas.

A Àlex Rovira, querido amigo y maestro, por ser luz, por su cariño y su generosidad, por estar siempre ahí y regalarnos un texto maravilloso y con corazón.

A todas nuestras compañeras del grupo de Elche, a Paco Sanz y a Fulgencio, por lo mucho que están valiendo la pena tantos fines de semana en Matola compartiendo lo inimaginable.

A Enric Folch Ríos (*in memoriam*), que fue la primera persona en creer en este libro, por su gran apoyo y su imborrable huella.

A Jordi Nadal, que fue el primer editor de este libro desde CEAC y lo es ahora de nuevo desde Plataforma Editorial, por haberse convertido en imprescindible y tener siempre las puertas abiertas de par en par para nosotras.

A todo el equipo de Plataforma Editorial y Sgel libros, por cuidarnos siempre con tanto amor a nosotras y nuestros libros. A Ignacio Fernández, nuestro editor, a Laura Amaya, Sara Miguelena, Víctor Guirao, Raúl Gil, Gerardo Nahm y Montse Vintró.

A Maru de Montserrat y a International Editors' Co. & Yáñez, maravillosos e imprescindibles.

A nuestra querida maestra Angélica Olvera y a su marido Alfonso Malpica (*in memoriam*), que con su toque de varita mágica propiciaron la conjunción que ha hecho posible reescribir y reeditar este libro. Por humanizar la educación, por rescatar tesoros interiores y por sus planes de fundar el «club de los bien separados» en su Universidad CUDEC de México.

A Pere Darder (*in memoriam*). Inmensa admiración y gratitud de por vida. Mis primeras publicaciones con él nos abrieron la puerta de esta y de todas las siguientes.

A todas las personas que apuestan por la vida en pareja y lanzan una moneda al aire sin saber de qué lado va a caer. Y, muy especialmente, a todas las madres y padres, reúnan o no los requisitos del «club de las parejas bien separadas», por ser transmisores de Vida y porque, gracias a ellas y ellos, y a sus historias de amor y desamor, ha sido posible este libro.

A vosotras y vosotros, queridas lectoras y lectores. Por vuestro cariño, vuestra confianza y vuestra insistencia en buscarlo y en pedirnos que se reeditara.

CECILIA y EVA

Bibliografía

BACH, E. (2022) *Cómo cuidar la salud emocional. 100 herramientas para calmar las emociones difíciles.* Barcelona: Plataforma Editorial.
— (2017). *Educar para amar la vida.* Barcelona: Plataforma Editorial.
— (2015). *La belleza de sentir. De las emociones a la sensibilidad.* Barcelona: Plataforma Editorial.
— (2008). *Adolescentes, «qué maravilla».* Barcelona: Plataforma Editorial.
BACH, E. y FORÉS, A. (2008). *La asertividad. Para gente extraordinaria.* Barcelona: Plataforma Editorial.
BACH, E. y JIMÉNEZ, M. (2019). *Madres y padres influencers. 50 herramientas para entender y acompañar a adolescentes de hoy.* Barcelona: Grijalbo.
BACH, E. y DARDER, P. (2002). *Sedúcete para seducir. Vivir y educar las emociones.* Barcelona: Paidós.
— (2004) *Des-edúcate. Una propuesta para vivir y convivir mejor.* Barcelona: Paidós.
BACH, E. y MARTÍ. C. (2013). *Por amor a mi familia. La fuer-*

za emocional del vínculo con nuestros padres. Barcelona: Plataforma Editorial.

BRADSHAW, J. (1999). *Secretos de familia. El camino hacia la autoaceptación y el reencuentro*. Barcelona: Obelisco.

BOLINCHES, A. (2019). *Amor al segundo intento. Después de los peores días, llegan los mejores momentos*. Barcelona: Urano.

— (2019). *El secreto de la autoestima. Una nueva teoría de la seguridad personal*. Barcelona: B de Bolsillo.

BOYD, H. (2000). *Nuevas familias. Convivir con los hijos de tu pareja*. Barcelona: Océano.

CASTELLS, P. (2004). *Separarse bien*. Madrid: Espasa Calpe.

COCA, A. (2021). *Hijos alienados. Cómo actuar cuando tu hijo ha sido manipulado*. Córdoba: Almuzara.

COLODRÓN, M. (2010). *Muñecos, metáforas y soluciones: constelaciones familiares en sesión individual y otros usos terapéuticos*. Bilbao: Desclée de Brouwer.

CORBALÁN, J. (2020). *Familias modernas, los nuevos modelos de familia y cómo lograr un buen presente y futuro en ellas*. Roquetas de Mar: Círculo Rojo.

CYRULNIK, B. (2005). *El amor que nos cura*. Barcelona: Gedisa.

GARRIGA, J. (2013). *El buen amor en la pareja. Cuando uno y uno suman más que dos*. Barcelona: Destino.

— (2006). *¿Dónde están las monedas? El cuento de nuestros padres*. Barcelona: Rigden Institut Gestalt.

GOLEMAN, D. (1996). *Inteligencia emocional*. Barcelona: Kairós.

GULLO, S. y CHURCH, C. (1988). *El shock sentimental. Cómo*

superarlo y recuperar la capacidad de amar. Barcelona-Buenos Aires: Paidós.

HELLINGER, B. (2007). *Felicidad que permanece*. Barcelona: Rigden Institut Gestalt.

— (2006). *Pensamientos en el camino*. Barcelona, Rigden Institut Gestalt.

— (2000). *Reconocer lo que es*. Barcelona: Herder.

KOLBENSCHLAG, M. (1993). *Adiós Bella durmiente. Crítica de los mitos femeninos*. Barcelona: Kairós.

LÓPEZ DE LA CHICA, R. y CORRALES, M.A. (2023). *Separada. Un acto de amor hacia ti y tus peques*. Barcelona, Destino.

LÓPEZ, F. (2010). *Separarse sin grietas. Sufrir menos y hacerlo bien con tus hijos*. Barcelona: Graó.

LUCAS, P. Y LEROY, S. (2003). *El divorcio explicado a nuestros hijos*. Barcelona: El Aleph.

MACGREGOR, C. (2004). *El divorcio explicado a los niños*. Barcelona: Obelisco.

ROJAS MARCOS, L. (1996). *La pareja rota*. Madrid: Espasa Calpe.

OSHO (2005). *Alegría. La felicidad que surge del interior*. Barcelona: Grijalbo.

PREKOP, J. y HELLINGER, B. (2003). *Si supieran cuánto los amo*. Barcelona-Ciudad de México: Herder.

RINCÓN, L. (2004). *El abrazo que lleva al amor. Cómo sanar emocionalmente a tus hijos con un abrazo*. Ciudad de México: Pax México.

ROJAS MARCOS, L. (2003). *La pareja rota*. Barcelona: Espasa Libros.

ROJAS MONTES, E. (1990). *Remedios para el desamor. Cómo afrontar la crisis de la pareja*. Madrid: Temas de Hoy.

ROVIRA, A. (2019). *Amor. Una invitación a descubrir y potenciar en nuestra vida la energía más poderosa del universo.* Barcelona: Zenith.

SALINAS, S., y BUCAY, J. (2004). *Todo (no) terminó. Volver a empezar después de la ruptura de la pareja.* Barcelona: RBA Integral.

TOLLE, E. (2005). *El poder del ahora.* Móstoles: Gaia Ediciones.

TUR, M. (2022). *Divorcis amb amor. Com encarar amb consciència una ruptura de parella.* Barcelona: Rosa dels Vents.

ULSAMER, B. (2004). *Sin raíces no hay alas. La terapia sistémica de Bert Hellinger.* Barcelona: Luciérnaga.

VALLEJO-NÁGERA, A. (2000). *Hijos de padres separados. Consejos para recuperar la armonía y el respeto ante un nuevo futuro.* Madrid: Temas de hoy.

WATZLAWICK, P. (1974-2003). *Cambio. Formación y solución de problemas humanos.* Barcelona: Herder.

Cuentos

AGUR MEABE, M. (2003). *Vivo en dos casas. ¿Y qué?* Barcelona: La Galera.

ALONSO, M. L. (1998). *Papá ya no vive con nosotros.* Madrid: SM.

BAUMBACH, M. (2006). *Los fines de semana veo a papá.* Barcelona: Juventud.

DUBOIS, C. K. (2008). *Una historia a dos.* Madrid: SM.
MOORE-MALLINOS, J. (2006). *Cuando mis padres se olvidaron de ser amigos.* Barcelona: Edebé.

Este libro ha sido escrito entre Elche, ciudad milenaria conocida por su Dama, su Misteri y sus majestuosas palmeras, y Barcelona, ciudad de amplios, azules y prometedores horizontes, secularmente abierta al intercambio, y ha sido reescrito en Barcelona entre junio y septiembre de 2022.

«I cannot live without books».
«No puedo vivir sin libros».
THOMAS JEFFERSON